国家十一五重点出版项目

中国民间艺术传承人口述史丛书
Oral Histories of Chinese Folk Arts and Crafts

"中国民间艺术传承人口述史丛书"总编委会
主　编：王文章
副主编：王海霞
总策划：和　龑
编　委（按姓氏笔画排列）
　　　　王文章　王海霞　乌丙安　方李莉
　　　　冯建华　吕品田　邢艳琦　江　东
　　　　宋兆麟　吴颖丽　和　龑　郑　工
　　　　郭玉洁　谭　洁　戴前锋

"中国民间艺术传承人口述史丛书"编辑工作委员会
总编辑：和　龑
委　员（按姓氏笔画排列）
　　　　王忠波　邢艳琦　吴颖丽　张维军
　　　　陈　琼　郑　颖　苗永姝　战　歌
　　　　贾宇琰　盛菊艳　韩慧强　谭　洁

活在尪仔的世界里

布袋木偶大师徐竹初口述史

主　编　◆　王文章
副主编　◆　王海霞
口述人　◆　徐竹初
整理者　◆　陈晓萍

中央编译出版社
Central Compilation & Translation Press

"经典中国国际出版工程"项目

图书在版编目（CIP）数据

活在尪仔的世界里：布袋木偶大师徐竹初口述史／王文章主编．
—北京：中央编译出版社，2010.1
（中国民间艺术传承人口述史丛书）
ISBN 978-7-5117-0038-4
Ⅰ．活… Ⅱ．王… Ⅲ．徐竹初－生平事迹 Ⅳ．K825.72
中国版本图书馆 CIP 数据核字（2009）第 167132 号

活在尪仔的世界里——布袋木偶大师徐竹初口述史

出 版 人：	和 龑
策划编辑：	吴颖丽
责任编辑：	苗永姝
美术编辑：	子 木
责任印制：	尹 珺
出版发行：	中央编译出版社
地　　址：	北京西单西斜街 36 号（100032）
电　　话：	(010) 66509360（总编室）(010) 66509350（编辑部）
	(010) 66509364（发行部）(010) 66509618（读者服务部）
网　　址：	http://www.cctpbook.com
经　　销：	全国新华书店
印　　刷：	北京雅昌彩色印刷有限公司
开　　本：	1/16
字　　数：	119 千字
印　　张：	16.25
版　　次：	2010 年 3 月第 1 版第 1 次印刷
定　　价：	398.00 元

本社常年法律顾问：北京大成律师事务所首席顾问律师　鲁哈达
凡有印装质量问题，本社负责调换。电话：010-66509618

总 序

王文章

21世纪初，社会公众对中国非物质文化遗产保护的关注度、参与保护的热情，以及中国非物质文化遗产保护工作的有力推进，成为中国文化界乃至中国社会的重要事件。从大多数人对"非物质文化遗产"一词的内涵不知所云，到"非物质文化遗产"成为家喻户晓的词汇，人们普遍对它的具象呈现形态有了一定的认知，并支持或主动参与保护工作，说明人们在现代化进程的背景下，已经看到，由于生活水平的提升和生活方式的变化，作为传统社会生存环境下人们生活方式和生产方式的非物质文化遗产正在急剧消失的现实，而这种现实，一定会对人类社会可持续发展的前景带来不可挽回的损失。因之，全面保护非物质文化遗产已经成为全社会的共识。

但是，保护非物质文化遗产这个时代性的课题应当怎样正确解答，人们的答案并不一致。这种不一致的根源，主要是源自推动经济发展与非物质文化遗产保护之间的矛盾。把非物质文化遗产看成单纯的经济资源，在保护的名义下扭曲其本质特性过度开发，如把民族民间的原生态歌舞改变为肤浅时尚的刻板表演服务于旅游场所，或把传统手工技艺视作不具经济潜力的项目而任其式微，等等。近年来，我们还常见的一种现象是在城市特别是农村建设中，以新的建筑或新的环境形态将承载某个特定区域人们世代相传文化技艺的物质载体（如某些文化空间）彻底改变。这种不能正确把握和处理社会发展与非物质文化遗产保护关系的情况，已经并还在对非物质文化遗产的保护带来伤害。我们应该正视并改变这种现象。

毫无疑问，非物质文化遗产保护是一个动态的过程。正确的保护不是使它凝固和停止发展。2003年10月17日联合国教科文组织通过的《保护非物质文化遗产公约》指出："这种非物质文化遗产世代相传，在各社区和群体适应周围环境以及与自然和历史的互动中被不断地再创造，为这些社区和群体提供持续的认同感，从而增强对文化多样性和人类创造力的尊重。"非物质文化遗产的有效保护，从根本上说，就是要保证其按照自身内在规律去自然衍变，在自然的衍变中与人类社会的持续发展相并行，我们既不要人为地去中断它自然衍变的进程，也不要人为地去使它突变。我想，这应是保护工作最根本的意义，也是保护工作最艰难、最核心的用力点。

非物质文化遗产在自然衍变发展中呈现的形态是丰富多样的,这决定了我们采取的保护方式也应是多样的。但对于传统手工技艺类的项目,采取生产性保护的方式应当是一种恰当的方式。这种方式,可以使非物质文化遗产项目的传承人,这些技艺的持有者将自己本身的技艺作为一种生产和生活的手段,既可以因此而获得劳动的报酬,也可以因此而使技艺传承,并在自己的作品与使用者的对应中,使技艺的继承与创新具有激发创造智慧的基础。这套"中国民间艺术传承人口述史丛书",记录了这些传承人技艺传承的历程,他们的技艺如何精湛,以及他们对技艺的思考;展现了他们如何以生产性保护的方式,使这些不同的技艺在传统的浸润中也融入了新的艺术元素,并得到人们的喜爱,而他们也因此具有了持续传承的经济基础。

在人类社会现代化进程不断加快、科技快速发展和全球经济一体化的时代,越来越多的民族、地区和人口被纳入到世界变化的总体格局之中。保持人类文化的多样性,是与人类社会的可持续发展紧密相连的。而保护各个民族具有独特创造个性和蓬勃生命活力的民间艺术,是人类文化多样性形态不成为博物馆化和标本式存在表象,而永具生生不息生命力的重要保证。我想,读者会从"中国民间艺术传承人口述史丛书"中体会到这些。

2009 年 9 月 22 日

目录

Contents

总 序 …………………………… 001

口述人徐竹初简介 …………………………… 001

大文豪郭沫若题词称赞他的作品"木偶头神情逼真生动"，著名雕塑大师刘开渠赞扬他的作品"精雕细刻、入木三分"，著名美术理论家王朝闻著文评价说："看了徐竹初的作品，能普遍引起华夏子孙的自豪感。"著名戏剧理论家张庚称赞他的作品"栩栩如生"，著名戏剧大师翁偶虹题诗赞道："傀儡登场假胜真，镂雕妙技巧通神。凭君地母天公手，展现千姿百态人。"

第一章 徐竹初谈漳州木偶的历史 …………… 004

中秋节、五月节、端午节、土地公生日等这些节日都要演木偶戏。"土地公"这天一定要演戏，据说这样可以给全村的人带来好运气。整个村庄所有角落都保佑到，因为土地公管着村里所有地方。我们漳州有一个特定的风俗是在端午节的时候拜（祭拜）"水仙王"，据说水仙化身为人，就是"水仙王"，在漳州是很受人尊敬的，所以要演木偶戏，让木偶替人们来答谢他。

一、历史篇：漳州木偶历史回溯 …………………………… 006

二、风俗篇：漳州的风俗养育了漳州木偶 …………………… 011

三、意义篇：漳州木偶的地位与影响 …………………… 013

第二章 徐竹初的木偶雕刻艺术生涯 …………………… 028

  我正式学木偶雕刻大概是十三四岁，主要是利用暑假和业余时间。起先我是怎么学的呢？我主要是帮忙，有的戏班拿了旧的木偶过来修理，我就帮忙打底、修光。学雕刻先从刻一些手脚开始，还有，有时候我父亲刻完一半，我就帮他修整，有时帮他油漆，反正当他的助手就是了，就这样子慢慢学了起来。

一、家族篇：家传七代有绝活 …………………… 030

二、童年篇：与弘一法师结缘 …………………… 033

三、求学篇：少年勤学崭露头角 …………………… 041

四、工作篇：勤奋不辍终成大师 …………………… 056

五、家庭篇1：家人对我事业默默的支持 …………………… 070

六、家庭篇2：家人朋友眼中的徐竹初 …………………… 071

第三章 徐竹初谈木偶雕刻艺术创作 …………………… 082

  木偶雕刻讲究的第一点是要有神气，形要有神气，演员演起来才比较好演、比较顺手。同样一个木偶，有的演起来没有神气，好像打瞌睡一样，没劲！我很注重这方面的，所以他们说我刻的木偶演起来有劲、好使。木偶的形象塑造要结合人物的表情，因为咱们木偶有静态和动态两种。动态主要是通过表演来刻画的，静态的主要是通过雕刻，所以我们塑造要能够抓住喜怒哀乐啊各种表情当中的一瞬间。

一、技艺篇：传统木偶的制作过程 …………………… 084

二、影响篇：他们对我的影响很大 …………………… 153

三、传承篇：传统木偶技艺传承之路 ………………… 157

四、创新篇：木偶雕刻要抓住典型性格 ……………… 167

第四章 徐竹初谈他的事业和对未来的展望 …………… 192

我的艺术馆是综合性的艺术馆，一个是作为我的工作室，平常我雕刻东西都在这里；一个是让人们参观木偶的地方，我的许多代表作品都放在这里，客人来了可以看，喜欢雕刻的还可以拿起来玩几下；还有一个是生产一些普通的木偶、小孩的玩具，客人还可以观看我们的木偶表演。我这里主要是表演布袋戏，就是尪仔戏。

一、交流篇：他们称我为"活的文物" ………………… 194

二、艺术馆篇：我的艺术馆是综合性的艺术馆 ……… 217

三、展望篇1：我现在靠做玩具来养活木偶雕刻 …… 226

四、展望篇2：希望能把我的木偶艺术馆搞起来 …… 229

徐竹初年表 ……………………………………………… 234

后 记 ……………………………………………………… 239

口述人徐竹初简介

徐竹初,1938年9月生,福建漳州人,享受国务院特殊津贴专家,国家一级美术师,中国艺术研究院民间艺术创作研究员,漳州竹初木偶艺术馆艺术总监、馆长,是闻名海内外杰出的木偶雕刻家,徐家木偶的第六代传人。

徐竹初的祖上徐梓清(1768—1858),早在清代嘉庆十二年(公元1807年)就在漳州东门开设"成成是"木偶作坊。徐竹初的父亲是人称"南江(江加走)北徐(徐年松)"的木偶雕刻大师徐年松。1938年,四处"念佛救国"的弘一法师应邀来漳州弘法,外祖父与弘一法师结缘,弘一法师恰与徐父为邻,并结成好友。不久,竹初出生,其父请弘一法师命名,法师赐"竹初"二字,寓意孩子会像新笋那样茁壮成长,祝福徐家像雨后春笋般兴旺发达。

徐竹初10岁随父学艺,刻苦勤奋,崭露头角。中学时代他所雕刻的三个木偶头,在1955年全国少年儿童科技和工艺作品展览会上荣获特等奖,中央新闻电影制片厂为其拍摄《少年雕刻家徐竹初》。初中毕业后因家庭经济困难而失去保送中央美院的学习机会,入漳州工艺美术合作社工作,正式开始木偶雕刻生涯。22岁到专业木偶剧团工作,直至1998年退休。

从艺近半个世纪以来,已有无数的木偶在他的巧手下获得生命。竹初木偶艺术继承祖辈优秀的雕刻手法,形成了以他为代表的漳州木偶雕刻艺术。仅造型方面,由徐竹初创新设计的品种就有600多种,戏曲的生、旦、净、末、丑等各行当齐全,既有传统名剧的名角,又有仙佛释道、天神魔怪形象,个个面目不同,性格各异,生动传神,呼之欲出。徐竹初的木偶作品,不仅台上能演,且台下经看,它典雅华美,细巧精致,使人看了爱不释手。

大文豪郭沫若题词称赞他的作品"木偶头神情逼真生动",著名雕塑大师刘开渠赞扬他的作品"精雕细刻、入木三分",著名美术理论家王朝闻著文评价说:"看了徐竹初的作品,能普遍引起华夏子孙的自豪感。"著名戏剧理论家张庚称赞他的作品"栩栩如生",著名戏剧大师翁偶虹题诗赞道:"傀儡登场假胜真,镂雕妙技巧通神。凭君地母天公手,展现千姿百态人。"

1994年底,徐竹初首次跨海踏上祖国宝岛台湾,开启了两岸传统艺术交流的新页。他的作品先后在中国香港、美国、新加坡、中国台湾以及中国美术馆等地举办专题展览,并被美、苏、法、日、匈等国家以及香港等地区的艺术博物馆收藏。他曾为30多部木偶艺术电影片和电视剧设计并制作木偶,出版有《徐竹初木偶雕刻艺术》等画册。

徐竹初是我国传统木偶雕刻行业的领军人物,他的艺术不仅在国内有较大的影响,在国际上也赢得了很高的声誉,他的艺术被称为"东方艺术的珍品"、"活的文物"。已经退休的徐竹初经营着他的木偶艺术馆,尽管在传承的问题上有诸多的困难,但他并不灰心,依旧每天坚持钻研木偶雕刻艺术,坚持带年轻人,希望把这门艺术一直发扬传承下去。这是徐竹初的心愿,也是我们的心愿。

第一章

徐竹初谈漳州木偶的历史

本章综述

  本章是访谈的开篇，徐竹初为我们讲述了漳州木偶的历史，与木偶相关的风土人情，以及漳州木偶的历史地位及影响。讲述从徐竹初个人的经验出发，从他亲身经历的人和事，他从祖辈听到的典故，还有小时候听到的传说，看过的一些相关资料等出发，来讲述他眼中的漳州木偶。

  笔者作为采访者，不随意打断其讲述，不从正史的角度意图纠正；笔者作为记述人，以不加入个人判断为原则，力求保持其语言的鲜活度和现场感，不随便篡改。对于他所提到的一些情节、资料，讲述比较模糊的，或者由于方言口音可能造成读者阅读困难的，在有必要的情况下，笔者将加入一些注释，以供读者阅读时参照或比较。

  为了读者阅读的方便，笔者采访时所提及的问题也不在文章中一一罗列出来，因为口述人在口述的时候已经重复了所提及的问题，相信读者会有一个很好的判断。此外，本书的插图，除非特别注明，都是由笔者拍摄或徐竹初提供，不再一一标明。以下的章节都照此安排。

一、历史篇：漳州木偶历史回溯

口述人：徐竹初
时　间：2006年8月16日下午
地　点：竹初木偶艺术馆

根据我知道的，漳州木偶的历史比较悠久，有些是传说，不一定准确。

漳州的历史比较长了，从唐朝开始建州。唐朝时河南的陈元光来这里开发，已经有1300多年的历史，漳州建市至今已经1300多年了。当时，漳州甚至整个福建、闽越被称为蛮愚之地。过去漳州这里非常荒凉，没什么人，所以当时他（陈元光）带兵来开发这个地方。因为河南是作为国家的中原地区，所以中原文化也随之都带到我们福建闽南来，包括这个木偶，很可能就是当时一起带过来的。[1]（图1、2）

为什么说木偶是那时候传来的？还没有确实的证据可以说明，但是可以从一些情况推测。中原地区，包括河南，很早的时候就有木偶了（最早木偶的名称叫做傀儡）。河南出土的木偶（文物）有唐朝的，有宋朝的。比如说有一个宋朝的铜镜，上面画着一个木偶，一个人手里拿着一个木偶，底下几个小孩在看木偶表演。[2]还有挖出的枕头上也有小孩子在玩木偶[3]，这种木偶形式跟我们现在的演出形式也是很接近了。还有一幅敦煌壁画里面，有

图1　漳州唐宋古街　2007年9月1日摄

图2　漳州唐宋古街　2007年9月1日摄

图3 傀儡戏铜镜（宋）中国历史博物馆

一个少女拿着一个木偶，那个画面叫做《弄雏》[4]。画面上的木偶跟现在布袋木偶的（操弄）方式非常的相像。所以说布袋木偶的历史应该很悠久了。（图3～图5）

还有这个木偶主要有什么作用呢？一般在乡下的迎神赛会，特别是农村里面的一些节日，在古代必演木偶戏，因为演木偶戏可以辟邪啊！漳州是历史上有名的"佛国"，老百姓非常信佛，一般有什么事都要求神拜佛，求佛祖来保护。[5]还有当时漳州这里是属于丘陵地带，交通很不方便，一个村一个村都通过小山把它割裂起来。交通这么不方便，所以比如说今天这个村里搞什么节日集会了，周围的朋友都要去庆贺，意思是要热热闹闹。那都搞什么呢？当然要搞一些文娱活动。这些文娱活动主要就是耍木偶，你带几个木偶，我带几个木偶，大家凑起来，搭一个简单的小舞台。拿一个凳子，把布简单的一遮，不就是一个木偶舞台了吗？那就可以表演了，表演就跟讲故事一样，过去都是像在讲故事。所以又轻便，人家又喜欢，又很形象嘛，是不是？漳州历来都有这个传统，老百姓都知道，所以说历史应该是很长的。

图4 河南济源三彩瓷枕傀儡图（宋）

此外，根据史料记载，在北宋的时候，离现在800多年前，当时有个叫朱熹的，是著名的理学家，他曾经当过漳州的知府。当时他怕影响农民做一些农活，所以，到了每年做"普度"的时候（在"普度月"这个月里大家都要轮流敬神敬鬼）下了一道禁令，要"禁演傀儡戏"。因为当时敬神敬佛都要演木偶戏，木偶戏都是一演就演到天亮，会影响第二天老百姓干农活。下的这道禁令，现在还记载在《漳州府志》里面，这是有文字记载的。[6]所以说明在800多年前，漳州的木偶就用来敬神。刚才我说了演木偶主要是用来敬神，给老百姓看，就是神与老百姓同乐嘛，这个风俗一直延续到现在，还是这个样子。朱熹说的时候没有

图5 敦煌壁画（局部 唐）

图6 朱熹对镜子写生像 台北故宫博物院藏

明确说这是布袋木偶,只说是傀儡,因为古代就是统称傀儡,没有布袋木偶的称呼。文字记载就是这个样子,但还没有什么实物可以证明。(图6)

那么漳州的木偶为什么叫布袋木偶?这有一个传说。刚才我讲了,大家要聚集在一起玩乐、助兴、祝贺啊,要带着木偶。那木偶要怎么装呢?因为过去大家都有个布袋,放在前面可以装东西,像布条一样,这边有几个袋子(边比划位置,从肩到胸口这里为口袋的位置),他就把东西、木偶都放在这里。以前都是步行嘛,走到这个村,走到那个村,就把木偶从口袋里拿出来。然后大家就讲"布袋木偶、布袋木偶",布袋木偶(的叫法)就是这么来的。还有另一个说法,木偶这里有一个内套,表演的时候手可以伸进去,人家就说这个是个"布袋",布袋木偶的说法也从这里来。这个是传说了,还没有找到史料依据。(图7、8)

当时我申请布袋木偶(非物质文化遗产传承人),被批为国家级的木偶传承人,一共批了12台木偶,布袋木偶好

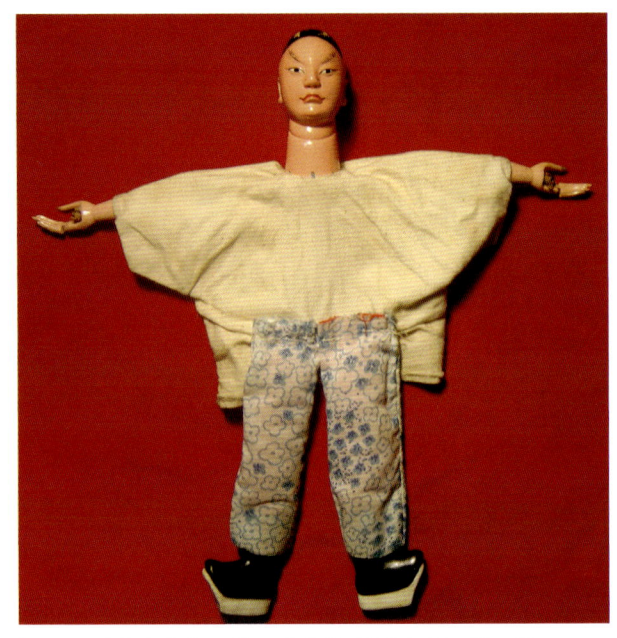

图7 木偶布内套 形似一个布袋 2005年2月20日摄

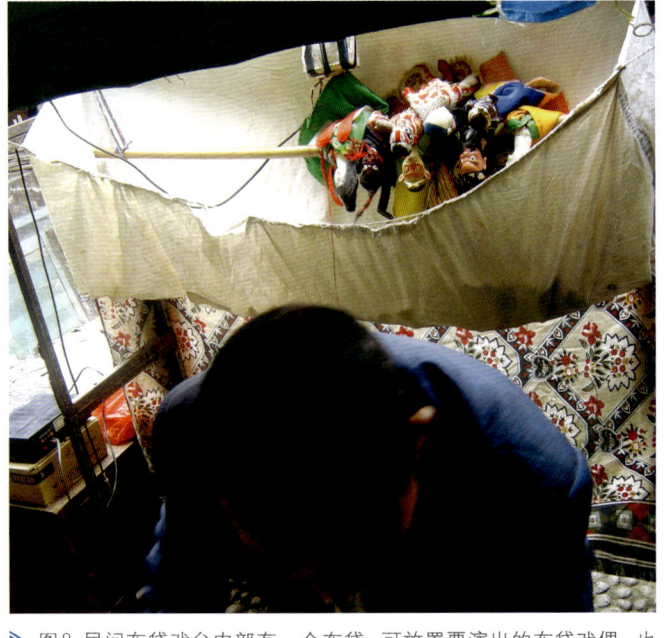

图8 民间布袋戏台内部有一个布袋,可放置要演出的布袋戏偶,也有人认为"布袋戏"的名称由此而来 2005年2月20日摄

像有三个地方,其中一个是我们漳州这里,一个是晋江,还有一个是湖南的什么县[7]。我听中央电视台的介绍,说湖南的那个县是从江西移民过去的,他们的布袋木偶也是从江西传到那边的,已经有1200多年的历史了。这说明古代就有(布袋木偶)了,从宋朝慢慢延续下来。(图9)

泉州的布袋木偶称为南派木偶,为什么呢?因为泉州的布袋木偶唱的都是南音、高甲[8]。那为什么漳州布袋戏称为北派呢?这里又不是北方,怎么会称北派?因为过去咱们这里演的主要是昆剧,后来以汉剧、京剧为主。包括现在的龙岩、南平,包括现在漳州的南靖、平和,一直以唱汉剧为主。泉州和漳州靠得这么近,怎么就唱的不一样呢?过去主要一个是交通不方便啊,一个是福建方言那么多,你说莆田靠泉州近不近?可是他们的语言就不通,说话就不一样,就听不懂,交通不发达嘛。

▶ 图9 布袋木偶操弄示意图

过去咱们漳州一带,包括闽西一带,到现在为止,唱的都是以汉调为主。我听我们的老艺人讲,最早漳州布袋木偶唱的就是汉剧,近百年来才改为京剧。我是听我们这里著名的老艺人,像杨胜、陈南田,还有什么憨阿、添阿[9]这些人(他们名字我也不清楚,他们都是民间演布袋木偶的)讲的,他们也都是听他们的前辈讲的。虽然我没见过他们,我出生的时候他们都已经死了,听说添阿的父亲叫做"骆阿驼",是一个老艺人。包括我了解的杨胜、陈南田,都已故了。但我看到他们演出,唱的虽然是闽南话,但锣鼓点都是京剧的,因为他们是从汉剧改过来的。(图10)

为什么我们漳州布袋木偶喜欢用京剧、用汉剧?这跟我们木偶的一个特性有关,我们的木偶喜欢演武打戏,《三国演义》啊,《水浒传》啊,什么《封神演义》啊,这大部分都是武打戏为主。布袋木偶是用双手操作的,一个人可以演两个木偶,所以演起武打戏来特别方便、特别擅长,所以它的戏文都是以京剧为主。漳州以前没什么戏文,就是以锦歌为主,锦歌是漳州民间的一种小调,好像泉州的南音一样,也列入这次的文化遗产项目,锦歌唱起来软绵绵的,歌仔戏也是后来才发展起来的,以前根本没有什么歌仔戏。后来木偶戏就是一直沿用京剧,一直到现在。

还有另一个关于布袋戏的传说,说过去有一个书生,他的名字我忘了,好像是梁炳麟。他上京去考状元,结果没有考中,他的心情非常的忧闷。他对当时的主考官,就跟对现在的某些腐败一样,非常的看不

▶ 图10 漳州著名布袋戏艺人杨胜

惯。他就在田间散心,看到田里面有一些虫子在做窝,窝看起来就像鸭蛋一样,底部有一个洞,手可以套在里面玩。他觉得这个很好玩,就把它(这些窝)挖起来,把它简单地刻成像人的形状一样,套在手上,用这样子来讲故事,用它们来演戏,讽刺当朝的官员。[10]听说是这样子了。这只是一个传说了,据说这个传说是在明朝的时候。那实际上这个木偶不可能在明朝才出现,在很早的时候就有了。我刚才讲的两个传说,第一个传说根据各方面情况的分析,应该比较符合历史事实,比较实际。

但是传说是传说,史料记载才是最真实的。泉州也一直在找这方面的历史材料,据我所知,也是没找到。包括台湾,也一直在找。没办法,这个东西就是这样,慢慢找吧。

中国历史上有很多的证据证明傀儡戏很早就有了。比如唐玄宗写了一首诗:"刻木为偶作老翁……"[11]还有在三国里面,用假人击退敌兵的故事,还有诸葛亮啊,将假人装在机关里面,还有汉朝啊,陈平做了一些木人,把木人装成美女放在城墙上[12],等等。中国木偶历史有这么多证据,所以很好办,不像漳州这种民间艺术,很少人去关心它,也很少有人去找这方面的资料。所以这方面的资料就很少。

过去这种木偶是作为民间的一种玩具,也没有必要把它永久收藏。所以,你要找到很久(古老)的木偶就很难啊。而且在"文化大革命"的时候被大清理,越旧的东西被破坏得越厉害,所以没有什么旧木偶留下来,也很难从实物去证明漳州木偶的历史了。

因为演木偶戏的一般都是民间的、业余的,有的有戏演,有的没戏演。在农村里面,没戏演的时候就干农活。有的在城市里演时也都兼一些小买卖。当时很少有专业的,没戏的时候就各走各的。像我们家这种专业的雕刻,我的祖家,到我这里已经是第六代。

二、风俗篇：漳州的风俗养育了漳州木偶

讲述人：徐竹初
时　间：2006 年 8 月 30 日上午
地　点：竹初木偶艺术馆

咱们漳州七月半的时候一定要演木偶戏，七月半就是我们说的"鬼节"，也叫做"中元节"。为什么木偶要在七月半的时候演呢？因为木偶会抓鬼啊！古语说"七月半，鬼上岸"，据说每年农历七月份地府里的小鬼都放假，跑到咱们阳间来做怪，还有很多冤魂野鬼，他们也要来找替身。怎么办呢？所以我们闽南七月半的时候都要做普度，做一整个月，家家户户做很多好吃的，摆在那里任那些小鬼们吃，他们吃饱了就不会出来祸害百姓了。[13]除了给他们吃的，还要演木偶戏给他们看，木偶是神

▶ 图 11　漳州木版年画《端午节》

偶，一个是木偶可以跟这些鬼沟通，我们要祈祷什么东西，比如说我们祖先的魂魄来了，我们要跟他们说什么，要祈求他们保佑我们子孙后代，都是通过这个木偶来跟他们沟通；还有一个是木偶它会抓鬼了，这样那些恶鬼就不敢随便祸害我们百姓了。（图 11）

咱这里演得最多的木偶戏是"尪仔"戏，就是布袋戏，行头也简单，酬金也不高，你像现在，演一台才两三百块钱，村里每家出几块钱，就能请个布袋戏班了。特别是咱们这里，谁家新盖了房子，新盖了舞台，新盖了庙宇，必演木偶。比如说这个村子里面有人上吊死掉了，或者有人在池塘里面给水淹死了，必须请木偶来演戏，据说木偶可以辟邪，他说这个木偶可以抓鬼嘛。特别是农村里面，包括现在，家里死了人，都要叫台木偶戏，这边道士在做场（做道场），那边在演布袋戏，你唱完了我开演，我演完了你开唱。演什么？一般有一些比较固定的剧目，如果连演几场，就演个《目连救母》，说的是一个叫做目连的小孩，为了救他的母亲逃脱地狱，不辞艰险，经历了很多磨难，最终使他母亲脱离苦海的故事，演这出是因为这个情节跟丧葬有关系。还有演《西游记》里面的一些故事，唐三藏啊、孙悟空啊、猪八戒啊，这些小孩比

图12 漳州民间的丧葬仪式常常请布袋戏班演出,一边做道场,一边演出布袋戏。2005年2月20日摄

较爱看。木偶最早不也是在丧葬仪式上演的嘛。[14]而且,在葬礼上也要烧一些东西,给死人到阴间的时候用,什么"龙厝"啊、纸钱啊,还有一些土尪仔、纸扎人,叫做"替身尪仔",作为我们活人的替身,到阴间伺候他们老人家。所以说我们漳州的木偶历史应该是很长的。(图12~图14)

我们这里包括孩子出生、结婚,都有演木偶戏的习俗。在演木偶戏之前,先演一出戏,本地话叫做"扮仙",就是把木偶扮成"福禄寿",或者是"观音送子",用这个来祈求生男孩;或者是做生意的人家,演一出"三出头"(即"福禄寿"三星),说一些发财的、保平安的好话,求一些心理安慰。所以为什么农村有很多人会请木偶演戏,就是这样子,可以"扮仙"答谢神仙,本地话讲就是"牵好娃"(生男孩),能发财。

中秋节、五月节、端午节、土地公生日等这些节日都要演木偶戏。"土地公"这天一定要演戏,据说这样可以给全村的人带来好运气。整个村庄所有角落都保佑到,因为土地公管着村里所有地方。所以到了这些节日,都很难请得到木偶戏,要提前早早地去预定好。

我们漳州有一个特定的风俗是在端午节的时候拜(祭拜)"水仙王",据说水仙化身为人,就是"水仙王",在漳州是很受人尊敬的,所以要演木偶戏,让木偶替人们来答谢他。[15]

咱们农村以前也没有什么娱乐活动,所以大人小孩都很喜欢看木偶戏,趁着过节过年的,演几出木偶戏,一演就演到天亮,说是演给鬼神看,其实也是咱们自己爱看。所以我谈到的那个朱熹,他怕大家影响农活,下了一道禁令,要"禁演傀儡戏",这也是说明咱这里自古以来就有演木偶戏的风俗。

图13 替身尪仔 2005年2月20日摄

> 图14 民间丧葬仪式上常演出的布袋戏剧目《唐三藏取经》2005年2月20日摄

所以说，漳州木偶为什么这么兴盛，主要是跟我们这里的风俗有关。

三、意义篇：漳州木偶的地位及影响

讲述人：徐竹初
时　间：2007年8月30日上午
地　点：竹初木偶艺术馆

漳州的木偶（之所以）这么出名，大家这么关注它，我认为有四个方面，不知道对不对。第一是它的历史很悠久，我刚才讲过了，在唐宋的时候就有了；第二是它的民族风格很突出。我们古代的四大名著，像这个《三国》啊、《水浒》啊、《红楼梦》啊、《西游记》啊，木偶戏主要是演这些戏的，包括《封神演义》啊，这些创作起来非常有中华民族的传统特色；第三是它非常多样，创作起来有各种各样的形象，非常新鲜。生、旦、净、末、丑，还有各种各样的神仙鬼怪，天上的、地下的，想象当中的一些人物。比如说龙王，就非常有中华民族传统特色，还有阎罗王、地藏王，都很有特色，像西方的耶稣之类的，本身就是自己民族的东西。（图15～图23）

活在尪仔的世界里　第一章 徐竹初谈漳州木偶的历史

▶ 图15 徐竹初作品：孙悟空

▶ 图16 徐竹初作品：猪八戒

▶ 图17 徐竹初作品：沙僧

▶ 图18 徐竹初作品：唐僧

图19 徐竹初作品：刘备

图20 徐竹初作品：关羽

图21 徐竹初作品：张飞

第一章 徐竹初谈漳州木偶的历史

» 图22 徐竹初作品：绿大番将

» 图23 徐竹初作品：杨任

另一方面，我雕刻的木偶有六百多种造型，每一个都有每一个的特性、个性。我们的夸张，跟西方的夸张很不一样。不一样在哪里呢？我们有一定的固定的规范性。比如一个小生，有各种各样的：有武小生、文小生；有比较胖一点的，有瘦一点的；年龄也有不同，有老生，有小生，也有儿小生——就是还没有长大成人的小生；还有笑生，像花花公子，又不是花花公子，就是要过渡到花花公子的。所以说一个"生"

» 图24 徐竹初作品：儿小生

» 图25 徐竹初作品：文小生

» 图26 徐竹初作品：武小生

 图27 徐竹初作品：笑面生
 图28 徐竹初作品：武生
 图29 徐竹初作品：须文
 图30 徐竹初作品：老生

 图31 徐竹初在雕刻木偶鼠丑

就有各种各样的形态。年龄不同，社会地位不同，他们的形态就不同，但又有一些共同点。我们在雕刻木偶的时候，就是把一个人物不同的个性、年纪和社会地位几点都综合在一起。比如说奸臣，就是把奸诈的几个表现特征综合在一起。还有媒婆、七丑、白阔，我们可以把几个特征综合在一个木偶的身上，把它表现出来。每一个木偶的个性都不一样，比如说曹操和关公，就很不一样，一个是正面人物，一个是反面人物，而张飞，他是一个草莽之徒，跟他们的个性又很不一样，所以说我们要把木偶的个性塑造得很鲜明。木偶是一种世界性的艺术，它能够代表自己国家的民族风格，像日本、法国、英国等国家的木偶都不一样，每个国家都有自己的风格，木偶很能代表一个国家的民族性格。个性化也意味着多样化，每个民族的木偶风格都不一样，这就是多样性，要是都一样就没意思了。（图24～图31）

活在尪仔的世界里 第一章 徐竹初谈漳州木偶的历史

▶ 图32 徐竹初作品：黄大花

▶ 图33 徐竹初作品：黑大花

漳州木偶另一个特征是做工非常精致，画功也好，刻功也好，世界上没有哪一个国家可以和我们相比，这是大家公认的。所以我们的木偶是东方的艺术精品，很多国家博物馆都收藏我们的，道理就在这里。此外，我们的作品可以永久保藏，我们的很多颜料，都是自己研制的，我们用的都是矿物质颜料，很多颜料是从药材店里买来的，像那个红色、黄色、金黄色都是。现在国画颜料也很多，但不那么纯。以前都是矿物质颜料，调了胶水做成一块块的，现在都做成牙膏状，可以挤的那种，但可能就不是矿物质，调的胶也可能不一样。所以颜料我们都坚持自己配，有的颜料可以作为永久性的保藏，到一百年后，红的还是红的，

▶ 图34 徐竹初作品：花脸　　　　　　　　　　　▶ 图35 徐竹初作品：青大花

白的还是白的，不会变色。如果是普通的颜料，过一段（时间）白的就变成黄的。所以，很多博物馆都会选择保存我们的木偶。（图32～图47）

　　传统的木偶只有几种颜色的变化，主要是白的、蓝的、红的、绿的、黄的、紫的。现在我们一直在创新，红的就有好几种，螵珠红、朱红、朱砂等等。木偶有一个特性，就是不能够千篇一律，不能够千人一面。就像杂行，我们的杂行就有几百种，有那么多的角色，凡是一般平民百姓，都统一归到杂行里。

活在尪仔的世界里 第一章 徐竹初谈漳州木偶的历史

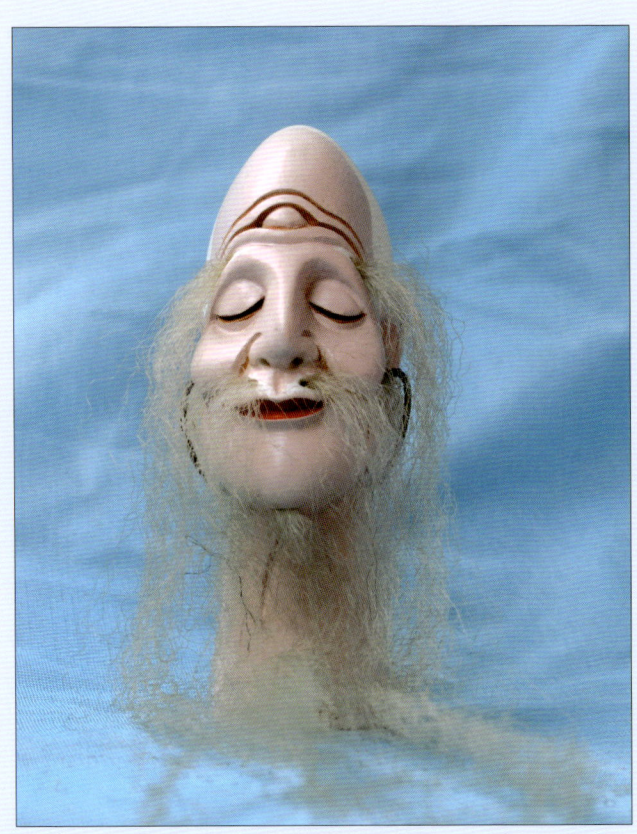
图36 徐竹初作品：罗汉之一

图37 徐竹初作品：罗汉之二

图38 徐竹初作品：罗汉之三

图39 徐竹初作品：罗汉之四

▷ 图40 徐竹初作品：罗汉之五

活在尪仔的世界里　第一章 徐竹初谈漳州木偶的历史

≫ 图41 徐竹初作品：罗汉之六

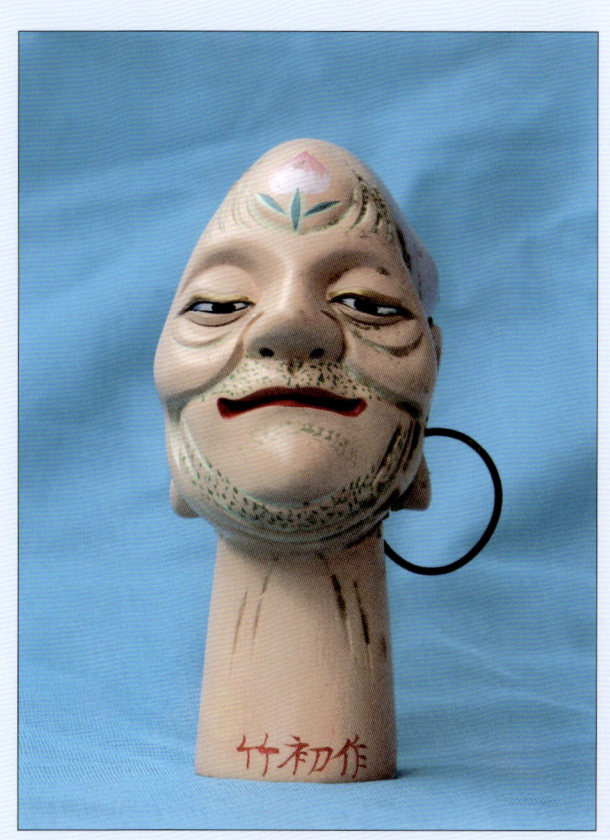

▶ 图42 徐竹初作品：罗汉之七

▶ 图43 徐竹初作品：罗汉之八

活在尪仔的世界里　第一章 徐竹初谈漳州木偶的历史

▶ 图 44 徐竹初作品：巨灵神

▶ 图45 徐竹初作品：清将

▶ 图46 徐竹初作品：小沙弥

总的来说，福建闽南木偶最大的特点就是做工非常精致，其他省都没办法跟它比；而且面谱造型多样化，生、旦、丑等加起来就有几百种之多，其他的省没有这么多，（他们）有的就是基本按照人的面孔画一些面谱，没有把一个人造型的特点、一个人物的身份、个性表现出来。所以从这方面说，我们闽南的木偶是最典型的。就是这几点，造成我们的木偶在全国有很高的地位。所以国家第一批文化遗产选定的就是我们，别人的没法比！

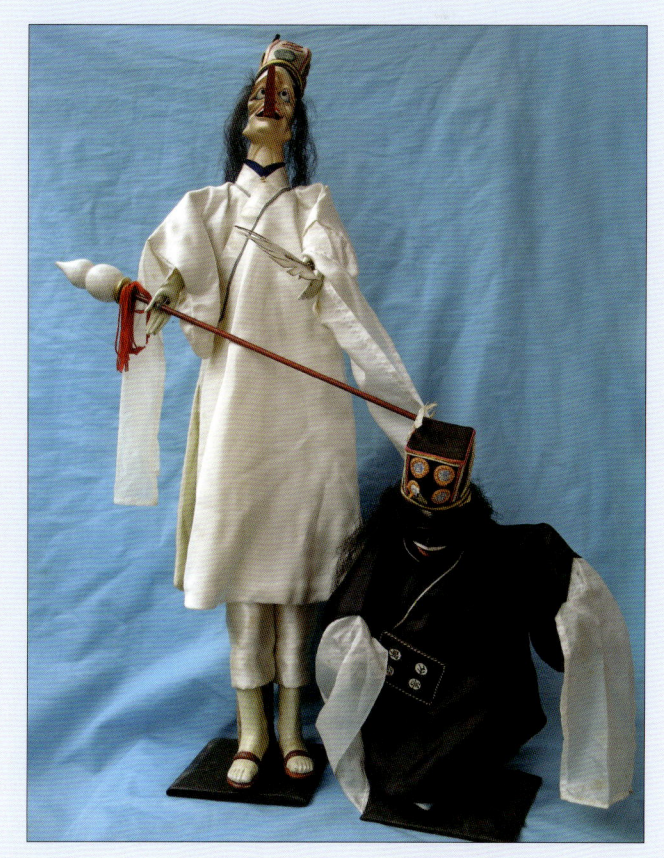

▶ 47 徐竹初作品：七爷和八爷

本章小结

　　对于闽南文化的基调,专家学者们往往以"俗"文化来定位。的确,在闽南,有其他地方所没有的各种草根文化:南音、高甲戏、拍胸舞、歌仔戏、"嘉礼戏"(提线木偶戏)、"尫仔戏"(布袋木偶戏)等等,民间的每一个节日,都对应着多种民间艺术。可以说,闽南淳厚的民风,养育了闽南诸多的民间艺术。

　　作为闽南"金三角"之一的漳州,同样有着丰富多彩的民间文化艺术。漳州的"尫仔戏"与泉州的"嘉礼戏"在全国是赫赫有名的,从表演技术到雕刻技艺,都广受赞誉。当代的民间艺人也在这种自娱自乐的方式中找到了自己的文化自信,恰如徐竹初在访谈中所说的:"别人的没法比!"这种自信,并非盲目的乐观,而是几代人勤学积淀的成果。

　　作为一名地地道道的闽南人,徐竹初的身上有着诸多典型的"闽南"特质:勤奋、坚忍、不事张扬,加上一口"地瓜腔"普通话。

注 释

[1] 漳州地势，周围三面环山，一面向海，腹地崇山纵横，滨海峻岭交错，交通极为不便，洼凹盆地闭塞。古时，森林蔽日，荆棘丛生，蛇虫猛兽，出没无常，气候多变，河道常迁，天灾频仍，环境恶劣。昔有"瘴疠之地"、"蛮荒之乡"之称。唐高宗年间，闽粤一带少数民族常联合反抗唐王朝。高宗诏令陈政将军率府兵两千多入闽，并统领岭南行军奋力征战。陈政死后，其子陈元光继承父志，率领其众，平定了闽粤边境。唐垂拱二年（公元686年），陈元光经奏准在泉、潮二州之间设置一州，州治最初设在云霄县的西林，因旁有一水叫"漳江"，所以叫"漳州"，并将中原文化带入漳州。迄今，漳州建州已1300多年。

[2] 北京的中国历史博物馆馆藏中有一宋代铜镜，方镜铸有傀儡演出时的情景：帷幕后面一名童子手执木棍，挑起木偶表演，身后坐着一人，似在为木偶动作配音，幕前若干少年男女或坐或卧，正在观看演出。看图形，演的应该是杖头木偶，而不是布袋木偶。

[3] 1976年，河南省济原县勋掌村挖出两件三彩瓷枕，皆长方形，施予绿釉，又辅以黄釉或褐红釉。据有关部门鉴定，当是北宋前期的遗物。一号瓷枕绘一小童在玩弄一个木偶，从图形判断，应为杖头傀儡，二号瓷枕绘三个小童在玩弄悬丝傀儡。

[4] 敦煌莫高窟第31窟窟顶东北侧的唐代壁画《法华经变 随喜功德品》，画两位少女，身高约20厘米，一少女手举人形木偶，做逗引状，另一少女做欲夺状。从画面看，大约是初期的布袋木偶。

[5] 古时漳州人们生活波动，祸福难料，因而"敬天礼神，崇鬼尚巫"之风极盛。

[6] 清代沈定均主修《漳州府志》卷三十八《民风篇》记载：南宋绍熙元年（公元1190年），著名理学家朱熹知漳州时发布《谕俗文》称："约束城市、乡村，不得以禳灾祈福为名，裒攘财物，装弄傀儡。"事隔七年，朱熹弟子陈淳亦呈文禁绝傀儡等社戏："某窃以此邦（指漳州）陋俗，常秋收之际，优人互凑诸乡作淫戏，号'乞冬'……豢优人作戏，或弄傀儡。"此文收录其《北溪文集》卷二十七《上傅寺丞论淫戏》。

[7] 指湖南省邵阳县。

[8] 高甲戏，流行于福建晋江、龙溪一带，起源于清代中期，后吸收了梨园戏的表演因素及剧目，渐成规模。20世纪20年代又受到京剧的影响，渐渐成熟。它以丑角为主要行当，表演状如牵线傀儡，很有特色。剧目有《连升三级》、《金魁星》等。

[9] 闽南人在叫别人的时候习惯取一个字，后面缀一个"阿"字，表示亲近的关系。比如"强阿"、"丽阿"。

[10] 《台湾通志》卷六《艺文志·艺术篇》载：此戏（布袋戏）发明于泉，约三百年前，有梁炳麟者，屡试不第，一日偕友至九鲤仙公庙卜梦。仙公执其手，题曰：功名在掌上。梦醒，以为是科必中，欣然而归，偶见邻人操纵傀儡，略有所感，自雕木偶，以手代丝弄之，更见灵活，乃藉稗史野乘，编造戏文，演于里中，以抒其胸积。不料震动遐迩，争相聘请，后遂以此为业，而致巨富，始悟仙公托梦之灵验。

[11] 《明皇杂录》记载唐玄宗借写诗《傀儡吟》感慨人生如梦："刻木牵丝作老翁，鸡皮鹤发与真同。须臾弄罢寂无事，还似人生一梦来。"

[12] 唐代段安节在《乐府杂录·傀儡子》中说："自昔传云：'起于汉（高）祖在平城（今山西大同东）为冒顿（匈奴王）所围。其城一面，即冒顿妻阏氏，兵强于三面。全中绝食。陈平（刘邦谋臣）访知阏氏妒忌，即造木偶（美）人，运于机关，舞于陴间（城墙）。阏氏望见，谓是生人，虑下其城，冒顿必纳妓女，遂退军。'……后乐家翻为戏。"

[13] 漳州的农历七月 "普度"习俗由来已久，"普度"源于道教的中元节和佛教的盂兰盆节，是流行于全国各地的宗教节日，又称 "鬼节"，俗称 "七月半"。清康熙五十三年编纂的 《漳州府志》记载："七月半作盂兰盆会，延僧设食，祀无祀之鬼，夜以竹竿燃灯天际，联缀数枝，如滴之坠，望之若星，谓之作中元。" 清同光年间漳州人曾虎文的一首征俗情的诗云："若熬不用八关斋，七月兰盆次第排。欲看馒头山数丈，须来公府大坪街。"诗人自注："公府街于七月终搭台为馒头山。"由此可见自清代中叶以后，闽南和台湾的鬼节就不止限于七月十五日这天，而是自初一到三十，城里一个角落一个角落轮流举行普度活动。

[14] 晋代王昀《旧唐书·音乐》卷二十九云："魁礧子，作偶人以戏。善歌舞，本丧家乐也。汉末始用之于嘉会。"

[15] 漳州为全国有名的水仙之乡，漳州九龙江一带的渔民信仰"水仙王"。旧时，漳州城在五月初五要祭祀"水仙尊王"，这天，渔民们自发聚集到九龙江竹屐码头边的水仙王庙，按照传统习俗祭拜后，将"水仙王"、妈祖诸神"请"到渔船上，巡港游江。在将这两位"海神"抬上船之前，由一位渔民穿着红肚兜，代表"水仙王"与村民们对话。这位"水仙王"化身是通过一整套严格的程序从4000多位渔民中挑选出来的。中午，吃过"龙船粥"后，人们抬着神像，跨过燃烧得极旺的火炉，将神像和祭品放到两条小船上，开始隆重的水仙、妈祖出境巡视和龙船巡港游江。渔民们纷纷烧香祭拜、燃放鞭炮，往江面上撒"银纸"，鼓乐喧天，热闹非凡。至今城内仍有水仙王庙。民间认为，水仙王就是屈原。仪式后晚上，要演人戏或者尪仔戏来答谢二神。

第二章

徐竹初的木偶雕刻艺术生涯

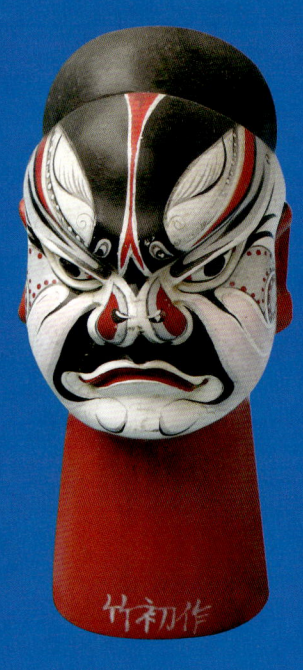

XU ZHUCHU IN THE LIVING WORLD OF WANGZAI
An Oral History of Hand Puppet

本章综述

  在本章中，徐竹初为我们讲述他的艺术生涯。他的人生就像他创作的木偶角色的际遇一样，充满了传奇色彩。徐家七代与木偶有着不解之缘，弘一法师为徐竹初赐名。童年的徐竹初，游荡在漳州九龙江码头和江边的说书场，受到了传统文化的熏陶；帮父亲打下手的经历，为他步入雕刻生涯打下了基础；求学于漳州一中时，他自己组织木偶兴趣小组。少年成名并未给他带来任何实惠，初中毕业时家境困难使他不得不放弃保送中央美院念书的机会；后进入木偶剧团，正式开始木偶雕刻艺术生涯。幸还是不幸，只有徐竹初自己知道，但是，对于木偶雕刻这门艺术来说，却是幸运的，中国多了一名木偶雕刻艺术家。

  在长达50年的艺术生涯中，徐竹初始终没有离开他心爱的木偶雕刻行业，退休后的他，每天都骑着他的永久牌自行车，到他的竹初木偶艺术馆工作。对于他来说，木偶雕刻已经成为他生活中不可或缺的一部分。

一、家族篇：家传七代有绝活

口述人：徐竹初
时　间：2006年8月13日上午
地　点：竹初木偶艺术馆

关于我的家族，我就讲我知道的吧，有的是听我父亲（徐年松）讲的，还有是听我叔公讲的。我的祖先，有墓碑可以查到的，到我是第六代，我属于第六代传人。我知道第一代叫做徐梓青，估计他的年龄，应该是在清朝嘉庆年间，已经有三百来年。有什么证据呢？原来有墓碑记载，我父亲原来有见过，后来再带我去找的时候，已经清为平地了，被开发走了。地点在浦南附近，那一带村落都是姓徐的。再下来就是徐和，徐骆驼是第三代，第四代是我叔公，我叔公叫做徐启章（1890—1964），启示的启，文章的章。我们家族都是做木偶雕刻的，最早的店号是"成成是"，这是我祖爷爷徐梓青开的店铺。一直到我叔公（父亲的叔叔），一直都开着木偶店。我叔公的店号是"自然"，他主要是做一些木偶，还兼做一些泥偶。再下去就是我父亲[1]，他独立了一个门号叫"天然"，也是前面开店，后面生产，连在一起。

我父亲过去家庭也是很困难，很苦。据我的父亲说，我爷爷出来谋生，靠手艺吃饭，还要兼给人家看病，是个土医生。我父亲跟着他"递一把"（做帮手），后来又转行干过很多别的行当。所以跟着爷爷，父亲学了很多手艺，包括打胚、做鞋子，他都学过。我爷爷死的时候，我父亲当时还很年轻，才12岁。爷爷死后，他就跟了我的叔公（徐启章），在

▷ 图1 北桥街即今天的大同路，已经改造得面目全非，只留下这个北桥市场作为北桥街曾经存在的见证　2007年9月2日摄

▶ 图2 今日的北桥街仍然很繁华 2007年9月2日摄

"自然"这个店里，帮忙做些泥偶、木偶。

我小的时候，还在我叔公家里帮忙过，画画、做泥偶。我还记得有一年暑假在他家住了一段，所以比较有印象。他人非常忠厚，主要是做泥偶，像状元啊什么的，过去都是用泥巴塑的，本地话叫做"土尪仔"；还有整尊的泥菩萨，本地话叫做"泥佛像"。泥偶，就是用泥巴印的（模塑的）木偶，因为过去没有塑料、树脂这些材料，都是用泥土来做；此外，还雕刻一些木偶。他的店就在北桥这边，"成成是"也是在那边，那是我们徐家的祖家了。北桥街就是现在的"圆圈"一带，在城市中心，叫做城内，现在也很繁华。当时街上开了十多家制作木偶、佛像和泥玩具的作坊，因此北桥被称为"尪仔街"。每到过年过节的时候，尪仔街上便热闹非凡，各地的小商贩都跑到这条街上批量进货，很多小孩子也会讨点零钱，或者拿压岁钱，过来买个木偶，你买关公，我买张飞，他买刘备，一人买一个，大家凑在一起，模仿戏班子表演。（图1～图4）

传到我父亲这一代，他一直还在搞这个手艺（雕刻木偶）。他的手艺很好，而且还很多才多艺。比如说他可以做人家在节日上舞的狮子、龙灯啊什么的。那时我们漳州一带都要用我父亲做的狮子，就是"天然"号的狮子，直到现在那些老一辈的人都还记得；还有一个是雕菩萨、佛像。过去单单做木偶是赚不了饭吃的，为了生

▶ 图3、4 北桥街附近的古街陌巷 2007年9月2日摄

活在尪仔的世界里 第二章 徐竹初的木偶雕刻艺术生涯

▷ 图5 漳州市文昌门 2007年9月2日摄

活你必须兼做一些其他的。所以我父亲结婚之后，20岁左右的时候就自己出来开店。原来跟我叔公做活，现在自己开店，店号叫"天然"，地名也是在"圆圈"附近，在市中心，就是漳州市新华西路那一头，临近文昌门那边，本地人称做"圆圈"。听我父亲说，以前，特别是抗战时期，那边有个做工艺的叫做清文师，我父亲和他两个人合作，专门做东南亚、台湾的一些木偶、木偶服饰和道具。东南亚，本地话就叫做"南洋"一带。在抗战之前和民国时期，那儿的木偶销路还是蛮好的。（图5）

我刚才讲过，抗战时期我们住在城里面。我父亲结婚之后那段时间，日本飞机经常来骚扰，因为城里目标比较大。当时日本已经侵占到厦门了，由于日本飞机老是来这里轰炸，我父亲为了安全，就躲到乡下，搬到我外公那边，住在漳州东门外，比较安全一点。现在那个地方也拆迁了，找不到旧址。

那是1937年，当时我父亲差不多二十八九岁吧。当时我母亲已经怀有身孕，搬到那边，一方面岳父岳母可以照顾她，另一方面在那边也比较安全，因为是在郊区。我爷爷是医生，我外公也是一名医生，以前是那一带比较有名的中医，所以家庭经济算是比较好的。原来我有很多舅舅，家族还算是比较大的。在那里为了躲避日本飞机的轰炸，家底下（地板下）还挖防空洞，比较安全。虽然搬到郊外，日本飞机有时也还会来轰炸。我父亲搬过去的地方叫做祈保亭，附近有个地方叫做浦头的被炸了，倒了很多房子，反正有人被炸死就是了。所以我母亲经常说，在怀我的时候，临产的时候经常要躲在防空洞里面。

这是我家族的一段历史，我父亲没过世之前常常跟我提起这些事情，所以我到现在还记得很牢。

二、童年篇：与弘一法师结缘

口述人：徐竹初
时　间：2006年8月13日早晨
地　点：竹初木偶艺术馆

1938年9月，我出生的时候刚好碰上弘一法师李叔同来漳州。[2] 弘一法师原来住在泉州，后来去了厦门。刚才我讲了厦门沦陷了，漳州南山寺的主持，就是和尚的头，邀请他来漳州弘法（弘法就是好像讲课一样，来传经）。他到了漳州，最早是住在瑞竹岩（漳州东郊外），他在那边只住了一小段时间，因为身体不好，已经到生命末期了，所以就搬到我们那边的一个佛祖庙，也就是祈保亭。现在这个地方也拆了，盖起了一个弘一法师纪念馆，但已经不是原来的祈保亭了。因为好多开发商把这些都开发走了，尽管漳州好多人呼吁，但是这些古迹也都被破坏掉了。这个佛祖庙很特别，一般的佛祖[3]都是女的，这个庙里的佛祖是有胡须的。这个庙不大，有两层，上面那一层是和尚住的。祈保亭的地址就是东解放路那边，现在庙的规模更大。（图6～图9）

后来弘一法师就一直住在这边（祈保亭）。据我父亲讲，当时南山寺的和尚经常去看他，法师也经常跟外边的人通信。像丰子恺这些名人都写信给他，给他请安啊，有的给他寄钱，可是他都不要，他说"手不拿钱"之类的话。他住的离我祖家大概（隔了）三间房屋。比如说他住这一间，这是第二间，再隔一间就是我外公的房子。弘一法师到（佛祖庙）上面住下

图6　弘一法师像　黄永玉画

图7　弘一法师1934年所在的厦门南普陀寺

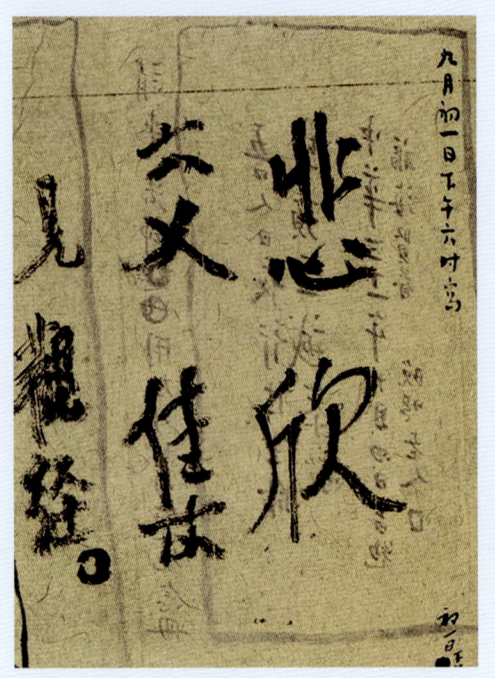

> 图8 弘一法师书《华严经》联句

> 图9 弘一法师临终绝笔 上海圆明讲堂藏

> 图10、11 漳州瑞竹岩

> 图12 漳州南山寺

来就很少下来走动。因为我父亲雕刻菩萨,有时南山寺需要修理都叫他去,所以他跟南山寺那些和尚混得很熟;加上我父亲信佛,还比较年轻,又住在法师的隔壁嘛,就经常帮弘一法师买菜,帮忙煮东西;还有我外公是一个很有名气的中医,经常给他看病,所以我们一家跟法师就混得很熟了。(图10~图12)

那年刚好是闰七月,七月过"普度"嘛,因为漳州过去有做"普度"的习俗,七月每一天,大家都是轮流做东,今天是这一条街道,明天是那一个角落,当年刚好轮到祈保亭那边。那条街的人叫弘一法师题词,弘一法师题了什么"祝抗战英雄……"什么内容我忘了,意思就是祝福、慰藉这些抗战英雄的鬼魂,这些事情是听我父亲讲的。不久,我出生了。过去,按照当地的一些风俗习惯,都要请名人(包括和尚)或者有学问的人给孩子起个名,这样孩子比较好养,运气比较好。刚好大师住在这边,所以我父亲就叫弘一法师给我起一个名,因为大家很熟。法师问我父亲:"生的第几个?"我父亲说是头胎,他问我父亲生的是男的还是女的,我父亲说是男孩——这是我父亲讲的了。法师想了想,把头点一点说:"不然就叫'竹初'吧。"就这个名字的含义来说,因为竹子的初期是笋,笋碰到阳光雨露生长得很快,竹子的底下有很

▶ 图13 徐家祖上作品

多根,非常茂盛,寓意以后子孙很多,家庭很兴旺。就是希望以后家族、家财、家丁很兴旺的意思。还有碰到阳光雨露,竹子就生长很快,因为竹子不论什么条件都生长得很快,很倔,它不娇气嘛。它有这么多的含义,很特别,没有人的名字跟我雷同,所以我从来没改过名字,一直沿用这个名字,有的人就问我:"你的名字怎么这么怪?好像有一点佛家的味道。"(图13)

给我起完名字不久,弘一法师就不知到哪里去了,后来听说他死在永春,他的尸体埋在泉州。[4]原来我的外祖公收藏了很多他写的字,现在这些字已经没了。"文化大革命"的时候,我大舅妈怕被人家抄家,就把这些东西都毁了。她说留着这些东西干吗,省得以后啰唆(麻烦),那些是"旧"的东西,以前不是"破

图14 上个世纪60年代徐年松在漳州木偶剧团

四旧"嘛，烧掉算了，所以这些东西就不见了，真是可惜。当时我有看着（zháo），但不记得什么内容了。弘一法师现在的字很值钱，一副要好几万，听说日本人最崇拜他了。

后来我外祖公家开始衰败了。大概是1942年，我四五岁的时候，他被一些土匪绑架走了。因为他是中医，名气比较大，土匪认为他很有钱，还有我们住在郊区，人员稀少，比较荒凉的地方，所以土匪把他绑架走了。那时光大洋就花了几百块，才把他赎回来，当时大洋很大（很值钱），经过这一次变故，把家产差不多都花光了。

不久我的大舅舅、二舅舅被国民党抓壮丁抓走了。当时我大舅舅刚刚结婚不久，我大舅母怀孕时他就被抓走了。后来他俩都没有音信，据说被抓到江西，生了病，被那些长官推到河里去，就死掉了。这是听一些被一起抓走的同乡偷跑回来讲的。我舅妈独自一个人，把我舅舅的儿子，即我的表弟，年纪比我小两岁，给抚养成人。又由于当时瘟疫流行，我的几个阿姨也传染上，相继病死了。本来我母亲的家族很大，我母亲是老大，但现在死的死，被抓的被抓，日子过得一天不如一天。不久我的外公也因心病死了，他死后，家就破落了，只剩下一个最小的舅舅，只比我大两岁。

不过，当时我们已经搬回城里了。我父亲怎么搬回去呢？这还有一段经历。本来我父亲跟我外公住一起，但后来抓壮丁抓得很厉害，我父亲晚上都不敢在家里住，都到外面打工，修理庙宇什么的。因为据说抓壮丁的都是晚上来。我记得我5岁那年过春节，人家都欢欢喜喜过春节，只有我母亲一直在哭，当时听说我父亲被什么缉公所就是抓壮丁的机构叫去。我母亲很害怕,因为人家都说被抓壮丁是一件很倒霉的事，被抓了就回不来了。我当时还是个小孩，什么也不懂，以为过春节嘛，大家都应该高高兴兴的。这件事搞得大家都没心情过春节了。幸好第二天我爸爸又回来了，于是他们就决定赶快搬家。（图14）

据我的姑母说（她现在已经八九十多岁了），我们搬到了她家附近，一个叫做"新桥头"的地方，如今叫做解放路（现在那个地方还没拆迁）。她回忆说我父亲怕抓壮丁，利用半夜的时候，把简单的家具都搬到新家里去了，就在她家对面的一所房子里。我当时才6岁，睡得迷迷糊糊的，没什么印象。搬到那以后父亲就开始零星打工，挣钱养家。有时候这边的人叫一下，有时候那边的人叫一下，叫他去做活。过了几年，我家又搬到另一个地方，开始开店，就是"天然"号的那个店。（图15～图19）

▶ 图15 徐年松作品：龙王

▶ 图16 徐年松作品：武生

▶ 图17 徐年松作品：笑生

▶ 图18 徐年松作品：曹操

▶ 图19 徐年松作品：雷公

> 图 20 徐竹初作品：马爷

> 图 21 徐竹初作品：牛爷

> 图 22 徐竹初作品：羊怪

> 图 23 徐竹初作品：猪怪

因为我家靠近九龙江边,所以我小时候玩得很开心,而且我有时还会赚点钱补贴家用。当时江边有许多说书场,沿江旁边还有电轮船,主要在漳州和厦门之间来回。过去九龙江的水比较多,有固定的航班,还有许多专门挑行李、挑货的工人,我们叫他们"路头工",专门等船一到,给人家挑货。那一带都是住着这些比较"低级"的工人。

小时候,我很喜欢听故事,所以我经常跑到"讲古场"[5]。那时候的事情到现在我还记得很清楚,当时江边有好几家"讲古场",大概一二十分钟就讲一场,讲完了"讲古"的人就拿着一个小盘子向大家要钱,过去都有这个习惯。我是小孩,就站在旁边听,如果坐着就要收费,站着就不一定了。即使跟我收费,我也没钱给他。可是也不能老是没钱白听书吧,所以当时我就想出了一个办法。什么办法?我就跑去买些花生,拿回家煮熟了,弄成一小袋一小袋放在小篮子里提着,拿到那里去卖,人家边听说书边吃花生,也很开心。我当那个小贩,觉得也很不错的,可以整天泡在那边,可以卖花生,冬天还可以卖瓜子,从中又能赚一点钱,又学到了一些知识。"讲古"的经常讲的是《三国演义》、《西游记》、《说唐》和《封神演义》,这些我都比较熟悉,也是最喜欢听的,所以我就经常跑去听。

我父亲因为到处打些短工,经常要到漳州各个村落去,我小时候就很喜欢跟着他,有机会就缠着他,让他带我出去。为什么喜欢出去呢?因为跟着父亲可以一起去看野台戏,汉剧、京剧,什么戏都看。有几个有点名气的戏班子,什么"金章"、"正声"、"天仙"、"天声",我现在都还记得。我尤其爱看武打戏,像《群英会》、《闹天宫》、《武松打虎》等这些好戏,我看过许多遍,现在还记得很清楚。(图20~图23)

还有,我为了家庭,也卖过豆干面[6],让我母亲做好面,我用竹胎②装着,顶在头上,到工人住的地方叫卖。有的工头给钱,有些工头不给钱,我跟他讨,有时还被他打,有一次还把我的东西全部踢倒了,我哭着跑回来。我母亲看到了很心疼,就劝告我说:"哎呀,你就不要到那边去卖嘛,那边都是一些土霸、地头蛇一样的人,你小孩不要到那边去!"(图24)

这时候我就开始接触木偶雕刻了。因为我当时没去念书,待在家里经常看父亲在做木偶。父亲并不是整天在做,他经常要出去打工,但是碰到一些节日,比如说春节,就要赶很多活(做木偶)。有的是人家来订货,有的是小贩过来买,他们赶着要拿去卖。父亲赶不完,我母亲也帮他做。我作为小孩,感觉到很有趣,就帮忙他做,有时做到12点,半夜还在做。由于要赶任

▶ 图24 漳州名小吃豆干面

活在尪仔的世界里 第二章 徐竹初的木偶雕刻艺术生涯

图 25 徐竹初作品：员外

务、赶货，所以父亲做到天亮是经常的事。他们赶活的时候我自己也会搞着玩，就这样我开始接触木偶雕刻。（图25）

就这样过了一两年，我们又搬了一次家。为什么又搬家呢？因为我家靠近九龙江边，我父亲经常外出打工，我就由我母亲管教，又因为家里穷，都没机会念书。我就经常跑去江边钓鱼，有时候跑去江里洗澡，有一次差一点被水淹死了，幸好江边的一个邻居把我救起来了。那一次以后，我母亲感觉到，家里的大人都去打工了，把孩子一个人放在家里很不安全，所以就决定再搬家。因此就搬到新华东路的东仁街。

三、求学篇：少年勤学崭露头角

口述人：徐竹初
时　间：2006年8月13日早晨
地　点：竹初木偶艺术馆

小时候，我整天混在码头那边，东游西逛的，到9岁时，人家的小孩早就上学了，我还在那里晃来晃去。当时有些亲戚看到我这样，就说："你不要老是这个样子，你学你父亲的手艺没什么用，整天东跑西跑，很不安定，有时候赚到钱，有时候赚不到钱，何苦继承你父亲的这个手艺。还是去念书，将来做一些比较有前途、有出路[8]的事。"我父亲听了觉得有道理，后来我母亲就跟亲戚借了点钱，送我到当时解放路有一个英国人办的学堂读书。虽然学费贵一点，但可能会学得比较好，就像现在的民办小学一样，各方面条件会比较好。所以我就开始进入小学读书。这所小学叫做华英小学，后来拆迁改为四中，现改为漳州职业学校，校庆的时候还叫我去，因为我是那边最早的校友。（图26~图29）

因为是英国人办的学堂，所以在那边上学早上还要祈祷。我很调皮，不愿意祈祷，还有因为我信佛，家里都在做佛像。可是不祈祷，老师就要打我，当时学校还养了很多大狼狗，把我吓得半死。我还记得当时我住在学校，吃的早餐是几个小饼干，上面滴了两滴鱼肝油，还有牛奶粉泡的一小杯牛奶。因为那是在新中国成立前外国人支援中国办的小学，所以吃的是洋餐。华英小学也有几个外教，但大部分是中国人在教。这是新中国成立前的事，我记得的印象最深的事。

我刚才提到我家里很穷，所以我到9岁才念书。听我家大人和亲戚说我很小的时候很胆小，有时候看到陌生人挑着扁担，就吓得半死。这主要是由于我小时候听说我外祖父被绑架了，还有很多土匪来勒索，还要打我舅舅，还有看到我父亲被国民党的兵抓去，我想起那些就有一种恐怖的心理。所以过去我很不敢[9]，不敢到外边去乱跑。一个是经济有困难，另一个是胆子太小了，父母亲不让我乱跑，这两个原因造

图26 徐竹初作品：打手头

图27 徐竹初作品：打手乙

图28 徐竹初作品：金刚

图29 徐竹初作品：韦陀

成了我9岁才开始念书。

我念小学的时候，家里还是很穷，我一般利用下课还有暑假的时间卖花生，有时候就去抓蟋蟀卖钱。漳州以前有些人很喜欢斗蟋蟀，把两个蟋蟀放在盘里斗的那种。蟋蟀一般在郊区田里面，我喜欢到郊区玩，既抓蟋蟀又可以玩，还能卖钱。（图30～图32）

▷ 图30 徐竹初作品：寿星

▷ 图31 徐竹初作品：阴阳怪头

▷ 图32 徐竹初作品：花脸

这种事情我做过很多。我还做过什么呢？当时漳州郊区种了很多荔枝树，我们常常下课后爬到树上去抓那种会吱吱响的蝉，叫做知了，个头比较大，可以吃，把它抓来卖。怎么抓呢？有时拿根长杆，高的那头粘点糨糊，看准了一把粘住就可以了。还有拿小铲去铲，那得爬得很高。卖了钱可以帮助（补贴）家里生活，有时候卖不出去就自己吃，可香了。小时候我还卖过菱角，江里面的，剪得手都起泡了。还有江里的小虾，一般都是从半夜抓到天亮，有一次抓到蛇，吓得要死。后来念书的时候，碰到春节和夏天的暑假，就跟我叔公那边拿了很多泥偶来卖。摆在路边卖，卖给小孩玩，自己也玩。你买张飞，他买关公，大家凑起来就可以玩，玩得很开心！

我刚才提到上的华英学校，是英国人帮助中国儿童而办起来的。他们每天买很多牛奶给学生喝，有一次买的牛奶不干净，变质了，我喝了就得了胃肠病。那一次病得很厉害，头发都掉光了，快要死掉了，只好一个人待在家里，我记得很久都没有去念书。

1948年我家再度搬迁，搬到了东门街，那时新中国已经快成立了。一开始，我还继续在华英小学念书，但是距离比较远，所以后来就转到家附近的巷口中心小学，一直念到毕业。可以说，当时我是一边念书，一边帮忙家里做手工。（图33、34）

▶ 图33 漳州东门街现在是一条繁华的商业街，只有街头这一小段路还有旧貌依稀可辨 2007年9月2日摄

▶ 图34 巷口中心小学 2007年9月2日摄

不久，全国解放了。新中国成立后我们政府的干部都是比较好的。因为我家里比较穷，而且我父亲比较忠厚，还有人缘比较好嘛，所以我父亲被选为街长，也是属于行政单位的编制，在新中国成立初算是比较大的官。当时主要有两个建制，漳州是一个区，区政府下去就是街道。我爸爸是街长，当时是民主选举的，很有权力。政府对民间艺术很重视，就派人来给我治病，不久我的病好了。可以说是党给了我第二次的生命，我要感谢党，感谢人民。

新中国成立不久，咱们政府对木偶艺术很重视。过去木偶戏班都是乡下个人的草台班子，现在政府把他们组织起来。不知道是1951年还是1952年，我们漳州成立了一个木偶剧团，叫做"南江木偶剧团"，团长叫做陈南田[10]。他后来出过几次国，获过几次金奖。政府对他很重视，就调他到福州演出，后来又到华东演出（过去华东就是现在上海这个地方），又获奖，后来就推荐到北京去，跟苏联的木偶专家叫什么阿波罗托夫[11]交流经验。后来把我父亲也调到北京去，因为剧团的木偶都是我父亲做的，我父亲拿木偶过去跟他们交流。过去我们说到苏联的时候都非常崇拜，中国跟苏联关系非常好。差不多1952年吧，又拍了一部电影，由谢添导演，叫做《闽南傀儡戏》[12]，拍这个电影的时候我父亲还上了镜头，他当时还很年轻，才40来岁。电影介绍了《大闹天宫》，是新中国成立后拍的第一部有关木偶的片子。当时我母亲也在帮忙，她叫吴金桃。她主要是给木偶做衣服、修光、上彩等等。（图35）

▶ 图35 陈南田

原来我要继承父业，我亲戚不太同意，我父母也不大愿意，因为它太苦了。木偶不值钱，卖的数量也很有限，新中国成立初一个木偶可以卖到一两块钱，具体的数目我不大记得了，因此赚不了多少钱。由于不让我继承手艺，所以就让我去念书了。新中国成立后，我家里人看到政府很重视，就一直鼓励我学艺，而我自己又有兴趣，当时我刚好读小学。之前我就已经偷偷地学了一点雕刻技艺，不是很正规的学就是了。现在政府很重视，我就加倍勤奋学艺。原来我暑假都去卖东西，现在也不去了。暑假在家里雕刻，过去没有电灯，点的是小小的煤油灯。有一次，我在刻一个胡须很长的老头时手被削到了。还有一次在刻花脸的时候把手割破了，流的血差不多把半个木偶头都染红了，当时是半夜，我母亲在睡觉。我作为小孩不敢说什么，坚持刻好了才睡。我母亲一醒来看到灯还亮着，知道我还没睡，就过来看，说："哎呀，手都流血

活在尪仔的世界里　第二章 徐竹初的木偶雕刻艺术生涯

▶ 图36　徐竹初雕刻木偶关公　2006年8月13日摄

了！你怎么还没学会雕刻就刻关公！"因为关公是红脸的，她很心疼，赶紧找来一些土药帮着我把指头包扎起来。还有一次，也是因为煤油灯，光线太暗了，我就忍不住往前凑，要看清一点。不知不觉，头发都被灯火给烧着了，我还不知道。还是我父亲发现了，赶紧帮我熄了火，把我抱进去睡觉。你看，我现在头发这么少，可能是那次被烧的吧！（图36）

所以说，我在学习木偶雕刻方面还是比较刻苦的。而且政府这么重视，当时我父亲他们能到北京，那是非常光荣的事，不像现在随便都能过去，过去是一种荣誉啊。他们（南江木偶剧团的人）回来的时候还受到夹道欢迎，还有什么游街活动。因为我们是小地方，交通很不方便，能到北京去很光荣。还有当时中央来电，叫我父亲做一些木偶，要送到国外，当成礼品送给苏联、西欧、东欧一些社会主义国家。所以我父亲当时的活比较多，也赚了一些钱，我也帮他做。当时一个木偶卖多少我不记得了，但比一般的卖得高一些，政府有时候会给一些补助。

我正式学木偶雕刻大概是十三四岁，主要是利用暑假和业余时间。起先我是怎么学的呢？我主要是帮忙，有的戏班拿了旧的木偶过来修理，我就帮忙打底、修光。学雕刻先从刻一些手脚开始，还有，有时候我父亲刻完一半，我就帮他修整，有时帮他油漆，反正当他的助手就是了，就这样子慢慢学了起来。

1954年我小学毕业，按地段上了漳州一中。刚上中学时，刚好举办"全国青少年儿童科学技术工艺品成果展"，学校当时的美术老师对我说："你父亲有这个手艺，你平常也有这个兴趣，何不雕刻几个木偶参展?"他还问我平常有没有画画,画什么画。老师知道我家的情况,所以叫我也搞几个去参加展览,我就讲好啊好啊,因为也有兴趣嘛。平常我自己有空的时候就在搞木偶。可是要做什么角色呢?木偶这么多,要做什么形象比较好?后来我选定了三个,一个是传统的大花脸,花花绿绿的;一个是老翁,很有特性,做起来比较和蔼可亲;还有一个是小孩。这样,老、中、青有一个对比。小孩要怎么刻呢?怎么显得天真可爱呢?我刻了几次都不理想。回家跟邻居的小孩玩,他们很多都比我小几岁,我就跟他们玩,逗他们笑,他们有的就是不笑。怎么办?我就用自己的零用钱买糖果给他们吃,我对他们说:"我讲一个故事,你们哪一个笑得最好,我就奖励两颗糖果。"这样大家就笑开了。就这样我刻了一个小孩,这个小孩笑得非常天真。形象虽然是传统的,但又经过了提炼,因为传统的小孩没有那么天真。(图37~图39)

▶ 图37、38 漳州一中旧校舍 2007年9月2日摄

▶ 图39 漳州一中原美术音乐排练厅
2007年9月2日摄

图40 徐竹初作品：金髻生和白阔

图41 徐竹初作品：花脸怪

图42 徐竹初作品：花脸

后来我就选了这三个参加展览。其实我心里没什么把握会得奖,再说也不是为了要得什么奖才参展的。后来我的作品被选送到市里面去,当时展览是市里的共青团、妇联举办的。市里的干部看了就觉得木偶在漳州就是小孩子玩的玩具,没什么特别的地方。有的人主张送到省里面去,有的说不一定送,争执得很厉害。后来还是送了,说看看会怎么样,就给送到省里面去。省里面的人看了说:"哎,这个很有特色!"所以就给送到中央去了。开幕的时候,郭沫若和中央美院的人看了非常惊奇,就把那些教授叫过来。(当时的《人民日报》记录了这个过程。)当时郭老是科学院的院长,因为这里展出的是青少年的科技嘛,所以郭老也来看了。看完后他就把几个教授都叫过来说:"你看,漳州的木偶这么生动,这个作者是哪里的少年?才16岁,你们要对这个作者加以培养。"他在美院的留言簿里面还为我的作品提了感想,说我的"木偶头神情逼真生动"。当时还出了一个小册子,里面收录了我的作品,我在新华书店看到了,但是我是小孩,身上没钱买。现在我一直在找这本书,可惜找不到。这本书汇集了这次展览的一些情况,书名叫《科学技术展览汇总》,里面有很长一段话是郭老对我作品的评价,当时《中国青年报》、《人民日报》都刊登出来了,还附上我的三个作品的照片。报纸当时我根本没办法保存,因为没地方买,小孩子也没钱买。后来我保留了一张《中国青年报》,登的文章叫做《孩子们优异的创造》,里面就提到了我,可惜到"文化大革命"的时候被抄了。(图40~图42)

2005年我被中国艺术研究院聘为民间艺术创作研究员,那年到北京去,文化部的一个干部碰到我就对我说:"哎,我以前保存了一张报纸,上面登有你三个木偶,有没有这么一回事?"我说:"有啊!你还有没有这份报纸?给我找一找。"后来他找到了,复印了一张给我。是《人民日报》1955年的,不知是7、8、9哪个月份的,大概就是这段时间。还有当时出了一本书叫做《灵巧的双手》,登了得奖的几个作品,我一个,新疆的一个,云南的一个还是广西的一个,一共三四个,第一个就是我。这本书是中国少年儿童出版社出的。这本书现在还在,其中有一页我小孩很小的时候玩耍时撕掉了一部分。(图43)

不久报纸刊登出来了,说我这个木偶得了一等奖。消息一登出来就引起了轰动。当时在北京颁奖,由周恩来总理和宋庆龄主持,当时宋庆龄是中国保卫世界和平委员会主任,她和周恩来以及一些中央领导人都来颁奖,比较重视。本来通知我去北京领奖,但是路费要叫我们学校出,当时学校很穷,没法出,就把这些东西寄来了。当时我是小

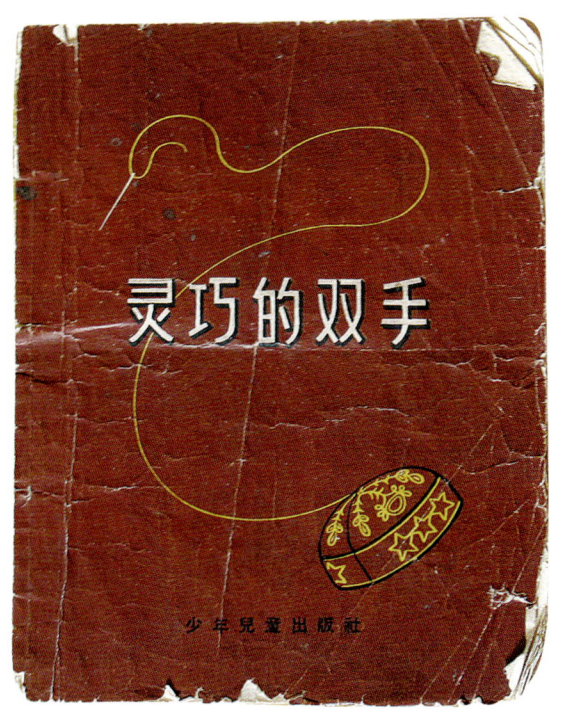

▶ 图43 《灵巧的双手》一书封面

孩，很想去北京，但是家里很穷，没办法，想是想，也没办法。

　　1955年，大概是8月份的时候，中央领导人徐向前带着中央新闻电影制片厂的人到漳州来，说要拜访我。当时我家住在东门街，我记得那天是星期六，我放学走路快到家的时候，就是在"圆圈"那边，看到很多部队的军人，周围围着很多人。快到家门口的时候，邻居就在喊："哎呀，你快来呀，很多人在找你呀！"他们说这些军队要找我呀！我说这些军队找我干吗？我是小孩，而且当时我父亲不在，只有我母亲在家。看到我回来，周围邻居还有市委一些人在那边说："哎呀，你回来了，中央领导在找你！"我听说中央领导来，又看到好几部小车，他们进到我家的时候天都快暗了。我记得我跟母亲说："客人来了，天都黑洞洞（黑糊糊）的，赶快点灯啊！"她的手一直抖啊抖的，就是点不起来。我说不要怕不要怕，好不容易才把灯给点起来，她请那些官员进去坐。进去后，有一个军官（徐向前）很和蔼，他说："你是徐竹初对不对？你这么小，技术就这么好，要好好学习，将你父亲的技术发展下去。"他还说我们同亲，本来是一家，他也姓徐。刚才我说了他还带着中央新闻电影制片厂的人。我们也不懂什么摄像机，就是感到很新奇。后来他叫我说感想。我就说了："我很感谢中央，很感谢党，感谢毛主席，今天能够有这么大的荣誉。"当时报纸登了很多我获奖的消息，全国很多人写信给我。我说有这么多人关心我，我很感激。我说你们首长又来关心我，我非常感激。他问我有什么想法，有什么要求。我说："为了感谢毛主席，我想送一两个作品给他，不知能不能收到？"他给我拍胸膛："不要紧，你有这个心意，我保证给你转到！"他就是这样讲的。那些陪伴的人就过来讲，你最好明天就做好，他可能明天就要走了，让他给你带去。他们来了大概半个小时，已经到了晚上了，之后又聊了一会，鼓励了一番，就走了。当时车队将整个街道都堵住了，周围都轰动起来了。人们以为出了什么事，搞这么多兵在这里，听说是来拜访我家的，大家都感到很惊奇。（图44）

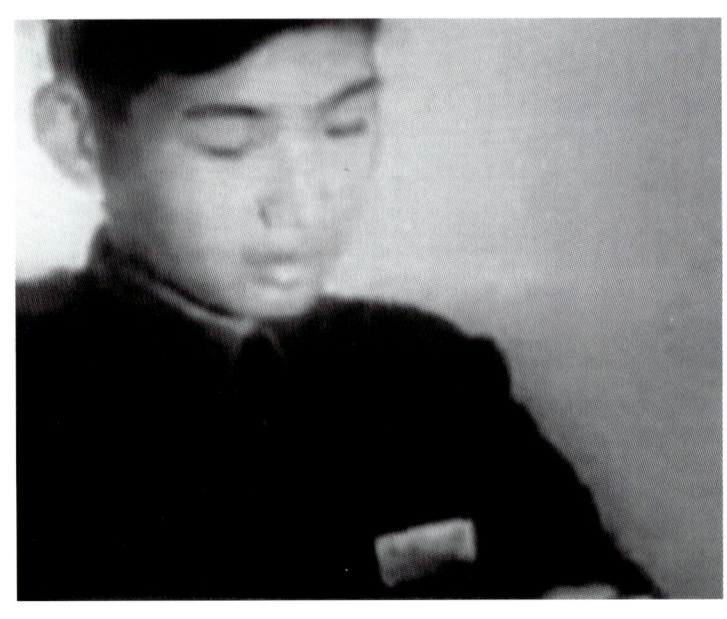

▶ 图44 《少年雕刻家徐竹初》影片中的徐竹初，时年17岁，图片选自2006年4月5日21：31中央电视台《东方之子：徐竹初和木偶谈话》节目（下同）

第二天，我就托徐向前捎两个木偶给毛主席，一个是老人家，一个是丫鬟，当时临时找了一个盒子装起来。他们派人过来拿去了。第三天，他们过来说要给我拍电影，我当时对拍电影是什么都不知道，他们就拍我到学校去，拍我们学校的木偶组，当时我们学校成立了木偶兴趣小组，里面有木偶表演，搞得很著名，因为当时是我组团的，又表演又学雕刻，就拍这些活动。还有拍我上课的情景，还拍我父亲怎么教我雕刻木偶，而且还叫我父亲来学校拍，也在家里拍了一些镜头。前后大概拍了两三天的时间。（图45）

不久，这部电影到我们漳州市大众电影院播放。过去看新闻不像现在这么方便，都要到电影院去，在

▶ 图45 《少年雕刻家徐竹初》影片镜头，右为徐竹初，左边是曾与徐竹初同任职于漳州木偶剧团至今仍在交往的好朋友吴德星

放电影之前，播放一下新闻。大众电影院算是我们漳州比较好的电影院，当时电影院的工作人员请我去看，他们说你看啊，这部电影在放你呀！上电影是一件很新鲜、很新奇的事。这个电影到现在还留着，电影名叫做《少年雕刻家徐竹初》。大概是八几年，中央电视台来拍我一个节目，叫做《神州风采》，中央一套的，里面就择了这部电影的一个片段，就是我小时候怎么跟我父亲学雕刻、我在学校怎么学习的那部分。后来很多人包括我的朋友、同学看了都说我小时候怎么就上了电影？有人说是假的，说肯定是叫一个演员代我拍的；有的说是真的，当时好像有人来拍电影；有的说拍电影这么多年了，过了50年了，怎么还有这个镜头，他们不相信。后来有人就互相打赌了，谁赌输了就请吃饭。后来他们跑来问我，我就跟他们说"是真的"。

拍了这部电影,他们没有寄片给我。后来拍摄《神州风采》、《中国风》、《夕阳红》,还有我们省里面在拍建国50周年省文化部门50年所取得的成就,以我为主线拍了一个专题,都用到了这部电影的一些镜头。听说省里面为了把它录回来,花了两三万元。这次《东方之子》节目不知有没有用上,我看过就忘了。(图46)

图46 2006年4月5日21:31中央电视台《东方之子:徐竹初和木偶谈话》节目中徐竹初的镜头

后来党中央给我寄信,说毛主席收到了我的礼物。信里说我送给毛主席的两个木偶收到了,毛主席很高兴,还鼓励我好好学习,将来为祖国为人民作出更大的贡献。当时我作为小孩,心里很高兴。后来那封信在"文化大革命"的时候丢了,不知怎么的又跑到省里面文化局的一个干部的身上,他又转给我。那封信不是毛主席亲手写的,而是用打字机打的。虽然没有毛主席的亲笔签名,但盖着中共中央办公室的公章。那是我上中学二年级的时候收到的。(图47)

当时我在我们学校发起组织成立了一个木偶兴趣小组,我主要负责木偶造型,剧目是由其他同学来编的。兴趣小组里有的感兴趣文学,有的感兴趣音乐,大家凑起来就是了。其中有一个叫吴德星,是我要好的朋友。他初中毕业后就到木偶剧团,后来又调到文化局,现在退休了当木偶导演,当时他主要是搞编剧。还有一个叫林兆雄,一个叫张美珍,一个叫黄碧霞,还有一个叫陈常泰,一个叫郑璋,还有一个比较早的叫林俊龙,已故了。50来年了,好多都不记得了。

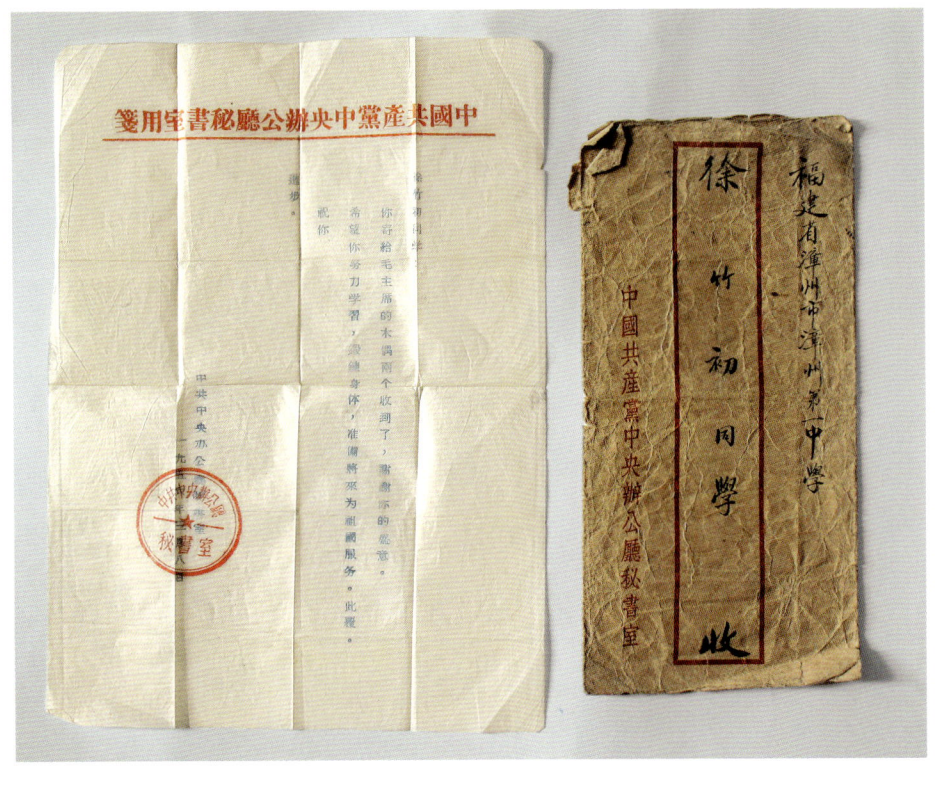

图47 毛主席办公室的回信

当时兴趣小组排练了一些节目，印象最深的一个叫《大冬瓜》，是神话剧，讲的是一个老农民，种了一个很大的冬瓜，被一个魔鬼看到了，把他的果实夺走了，农民又用智慧把它抢回来了，故事大意就是这样子的。我记得排得最成功的就是这么一出。里面的道具、木偶都是由我来做的。兴趣小组大概十来个人，有些喜欢美术的就帮忙画布景，有的喜欢文学就做编导，有的喜欢音乐就配音和伴奏，有的喜欢舞蹈就搞表演。乐器都是传统的那些。那些朋友到现在有的还在来往，我记得最早还有拍照留念，现在都找不到了。

1957年，我初中毕业。由于郭老（郭沫若）讲过说"要好好培养"的话，所以学校要保送我去中央美院深造，是破格录取的。但因为1957年初我母亲去世了，家庭负担很重，所以父亲不让我走。我是老大，底下还有7个弟弟妹妹，当时没有什么计划生育，靠我父亲一个人的收入不够养活一家人，当时全国又已经都实行合作化，只有几十块的固定工资，所以要养活这么多人，负担很大。

当时我心里也很想去念书。看到我很多同学上高中去了，我觉得失去在学校上学的机会，很难过。但是又想到家里就是这么一个状况，当时我父亲的思想负担很重，加上又这么多的弟妹，所以我只好留下来。我想，留下来一是可以给家里帮忙，帮我父亲多做一点活，增加一点收入，当时木偶是记件工资；另一个是可以跟我父亲多学一点技艺。所以，最终我留在父亲的厂里工作。

口述人：吴德星（徐竹初的同学及老朋友，漳州市文化局退休干部）
时　间：2007年8月30日下午
地　点：竹初木偶艺术馆

老徐是我的同学，后来又是同事，我爱人朱亚来（漳州木偶剧团著名演员，杨胜、陈南田的徒弟）也跟他是同事，我跟他，应该说有几十年的交情了。（图48、49）

我们是上初中的时候认识的，我跟他当时是同班同学。那时他年纪比我们大一些，因为他家里穷，上学比较迟。他给我的第一印象就是很老实，年纪比我们大很多，个子比较高，坐在最后一排，很少讲话，穿的也比较朴素，上课也很少发言。大家都知道他家里是做木偶雕刻的，也知道他会雕刻，后来我们少先队就成立了一个木偶小组。当

> 图48 徐竹初的好朋友吴德星，与徐竹初同是漳州一中"少年木偶小组"发起人，中学毕业后到漳州木偶剧团担任编剧，后调入漳州市文化局，退休后经常到"竹初木偶艺术馆"，并为艺术馆的演出队编剧　2007年9月2日摄

时我是少先队的大队长兼文体委员,我们俩就发动组织了木偶兴趣小组,当时班级的、年段的,包括比我们高年段的也有(同学)参加。我们漳州木偶当时很出名,还到北京拍摄电影,什么《大闹天宫》之类的。因为木偶雕刻是跟木偶表演结合在一起的,当时我们几个人学了一段(时间)的木偶雕刻,又学了一段时间的木偶表演,老徐主要是给我们指导木偶雕刻。我们举办活动,主要排练了一些童话剧,比如说《大冬瓜》。当时北京举办"全国青少年儿童科学技术大赛",学校通过少先大队和团委联合推荐老徐的木偶作品参加这次大赛,后来作品参加展览,得了个一等奖,当时郭沫若也慰问并题词了。这个消息促使我们兴趣小组的活动更加活跃。我们这个兴趣小组平时也参加文宣队慰问团,作为少年儿童这个角色,下乡去慰问工人、农民,还有部队。所以,我们就想刻几个木偶送给毛主席,后来就刻了两个木偶寄去给毛主席,以公家的名义寄的,后来毛主席办公室的秘书回了信。这使得我们的活动开展得更热烈了。

▷ 图49 漳州木偶剧团著名木偶表演艺术家朱亚来,吴德星的爱人,杨胜、陈南田的徒弟,在工作上与徐竹初配合了几十年

初中毕业以后,这个兴趣小组就没了。当时兴趣小组有十来个人,有比我们高一年的,有比我们低一年的。大家分工不一样,有的也学雕刻,像老徐。学校里派了两个辅导员、一个美术老师、一个音乐老师,组成一个完整的团队。我们才十来个人,就派了两个辅导员、两个老师,看得出学校对我们很重视,所以当时活动也开展得很好。

老徐当时是组织者,我是参与者,但也算是组织者之一。因为我是少先队长,也要替这个小组选拔人才嘛。

我们两个是同学、同事,从初中到现在,已经50年了,比亲兄弟还要亲。因为他早年的时候母亲就去世了,很可怜。又有很多兄弟姐妹,又没有地方住,他母亲死了以后,父亲又娶了一个,跟着继母,继母也不管他,父亲得管着

▷ 图50 漳州古街台湾路
2007年8月31日摄

那些小的，所以他还在读书（初中）的时候，就跑到我家里去住，我当时住在东桥路那边，现在叫修文东路。

参加工作以后他有了一个住的地方，就从我家搬出去了。但因为是同事，所以也经常来往。因为他年纪比较大，所以谈恋爱也比较早，他跟他爱人谈恋爱的时候也经常跑到我家去，当时我家还比较宽敞，有两房一厅。以前谈恋爱跟现在不一样，出去约会也没有手拉手的，都没有。结婚后，他们就自己租了房子。他现在的爱人当时是医院的护士，后来到火柴厂去工作，结婚后就待在家里协助他搞一点木偶。（图50）

他这个人很好，再加上我也是比较热情、温顺、随和的人，所以我们两个比较投缘，在艺术上也有共同的兴趣。老徐从不会跟人家吵架，我们接触了这么长时间，从没有吵过架。如果是因为工作上有什么意见不一样，脸红（吵嘴）一下，过后就好了。相处这么长时间，没有吵架是很难的。从我们相识起，当时我13岁，他就像大哥一样的照顾我。所以我说我们两个是同学、同事加兄弟。（图51）

▶ 图51 徐竹初在艺术馆 2006年8月13日摄

四、工作篇：勤奋不辍终成大师

口述人：徐竹初
时　间：2006年8月15日上午
地　点：竹初木偶艺术馆

初中毕业后我就进了我爸的工厂做事，他那时候在漳州工艺美术合作社。当时我已经能够独立雕刻，但是样子（品种）不太多，主要有一些是提线木偶，比如《白蛇传》、《霸王别姬》里的人物，一些是布袋木偶，比如像《三国演义》里面的一些人物，主要就是做这些。当时他们合作社的生意还可以，活比较多，父亲都做不了（做不完）。就这样搞了将近一年，后来漳州的这个木偶剧团和泉州木偶剧团合起来作为代表团被派出国，到东欧一些国家访问，排了一些节目。当时叫我专门为他们（指南江木偶剧团）做了一些木偶道具。（图52～图54）

▶ 图52 徐竹初作品：白骨精

▶ 图53 徐竹初作品：牛魔王

▶ 图54 徐竹初作品：孙悟空

▶ 图55 徐竹初作品：大鹏

我们就是用合作社的名义给他们做的，但是问题出现在当时我们自己（合作社）也有任务啊。如果帮他们做，那么合作社的任务我们就没有办法全力以赴，比如说预定好十天或一个月完成，我们完成不了，这样子双方都受到影响。

而且那时候国家很重视漳州木偶剧团，剧团经常出国演出，去了欧洲很多国家，出去交流。当时省文化厅的厅长叫陈虹，他本身是漳州人，他曾经带我们木偶团出过国，他说："你们木偶剧团（指南江木偶剧团）很需要一个雕刻的，不然你们光光（只是）表演，没有雕刻，不配套。"他还对我父亲说："你的这个孩子不要放在合作社，这样服务范围太小了，他留在工艺社对他的专业来说也是一种损失，你应该让他到木偶剧团去，让他专心发挥他的作用，这样才好，而且这样子剧团也比较方便。"他也跟木偶剧团团长讲："徐竹初应该到你们这边来。"当时团长也很希望我到剧团去，他说我们要道具都找不到人，有时候要买也不方便，我们要什么角色也没人商量怎么做。所以，他就找市领导说要把我调到团里去。就这样，我1958年5月份借调到剧团去，没想到我这一去就去了几十年，一直干到退休。（图55～图58）

不过，中间还有一段插曲就是啦。借调之后我也给他们当外勤，当外勤有一个好处就是可以随团演出，随团工作，还有一个是可以听取广大人民群众的意见，比如说对一个人物如何改进之类的意见，反正非常方便就是啦。所以出去演出有将近一年，回来以后就碰到了机构改革合并。当时漳州市有两个主要的木偶剧团，我参加的是南江木偶剧团，以老艺人陈南田为首的一个剧团，它是属于市级的；还有一个老艺人叫杨胜，他领导了一个木偶剧团叫做漳浦艺光木偶剧团。

木偶剧团成立以后就变成地区剧团，刚合并木偶剧团就接收到一个任务，就是要到罗马尼亚参加木偶比赛，嗯，就是参加国际木偶比赛。所以当时排节目就排了现在很有名的《大名府》，还有《雷万春打虎》。那个雷万春是我设计的，这是一个大英雄，喜欢路见不平，当他喝醉酒的时候，或者人感到非常疲倦的时

图56 徐竹初作品：如来

≫ 图57、58 漳州木偶《白蛇传》角色 2006年3月摄于中国国家博物馆

候，就会红光满面（颜色比较接近桃红，没有关公那么红），当他遇到老虎，胆子就大起来了，嘴就这么鼓起来，像弓一样，就是弓箭的"弓"啦，显得很威风。（图59～图62）

▶ 图59、60、61 《雷万春打虎》剧照

因为我给剧团设计了这些形象，他们感觉很好，就想把我正式调进去，可漳州市工艺美术厂不同意，他们说我是个人才啊，是工艺厂那边的领导骨干。怎么办？只好就先借调一段，大概有两个月，我和我父亲两个人借调到木偶剧团那边去。我父亲搞舞台设计，有时也指导一下（木偶雕刻），就是在做参考啊，提提意见啊，雕刻主要还是以我为主。这两个节目后来获得了金奖，那里面有我的一份功劳。

▶ 图62 《大名府》剧照

这样我更不能回原单位去啊，一心想留在木偶剧团，当时通过了很多手续和关系，最终我留在了木偶剧团，就是龙溪木偶剧团。

我到剧团去首先碰到的情况是他们要出去巡回演出，到广东、湖南、江西、湖北等很多地方。巡回演出排的是《大闹天宫》，还有一个叫做《马兰花》，我一进去就开始做这些剧目的木偶。那些老艺人看到我亲自做那些东西，跟他们配合，他们就感觉到非常好，对他们的排练、对他们的研究非常的有利，还有对他们的一些特殊的要求，比如说对一些主要人物的要求啊，以及演出要搞一些特技什么的，我都会尽我所能给他们做出来。所以我感觉到我在他们那边工作对他们的发展是有益的。（图63）

1959年南江木偶剧团改名为漳州木偶剧团，我在木偶剧团的职务主要就是制作木偶，到后来才兼了一些行政职务。原来我父亲有一段时间到我那去，后来漳州工艺美术厂有很多产品要出国嘛，又把我父亲调到工艺厂去当厂长。（原来他们厂叫做"工艺美术合作社"，1956年才改为"工艺美术厂"。）我在剧团做，我父亲就在厂里做，都不拿到家里做了，两个人就分开了。（图64～图67）

≫ 图63 《大闹天宫》中的猪八戒造型

≫ 图64 漳州木偶剧团 2007年8月31日摄

≫ 图65、66 漳州木偶剧团内老房舍 2007年8月31日摄

≫ 图67 漳州木偶剧团原木偶影视厅放映处 2007年8月31日摄

"文化大革命"开始是在1966年,实际上1964年、1965年就开始排练现代戏,我们也排了一些现代戏,一个是以歌舞的形式,比如《各族人民歌颂毛主席》,属于现代题材;一个是反映我们漳州平峰当时的游击战争,叫做《智取平峰城》;还有反映当时越南战争的,表现了越南跟美国打仗,我们支持越南,那出剧目叫做《椰林赞歌》。不久"文化大革命"开始了,剧组当时被冠上了一条"违反毛主席文艺路线"的黑线。那条黑线就是指我们演的都是封建的东西、传统的东西,还有资产阶级的东西,因为我们剧组当时不是到过南斯拉夫、法国吗?这两个国家都是资本主义国家嘛。当时南斯拉夫属于典型的"走资产阶级修正主义路线"的国家,所以我们剧团当时"封、资、修"都有,要彻底地砸烂。当时剧团有一个陈列室,放了一些资料和木偶,有出国演出的一些传统木偶,上海的一些木偶,还有国外送的很多木偶书,当时造反派说这些是"封、资、修"的东西,把它们都拿去一把火烧掉。他们说我是"封、资、修"的制造者,特别是"封建主义"的制造者,剧团的东西不是只有我在做嘛,他们把这些一把火都烧光。还把原来民间木偶剧团的东西都拿去烧掉,他们跑去抄家,还跑去我家里抄家,也去我父亲家里,把我家原来的一些东西、祖上传下来的木偶全部都搬到剧团的操场,全部烧了,因为木偶是木头做的,一烧就全部烧光了。经过"文化大革命",这些木偶如果保存下来就都是文物。原来放在剧团的很多都丢了,都当作垃圾拉走了,我把它们拣回来。之前我拿了不少东西放在剧团的陈列室,包括照片、有关的文物,"文化大革命"的时候被当时的红卫兵全部都打烂掉了。当时我们剧团有几次到东欧国家去,得了一些奖什么的,拿来的一些木偶,包括一些老艺人藏的老木偶,我父亲也有一些,都是很有代表性的,"文化大革命""破四旧"的时候,他们说是"批修"的东西,把那些传统木偶都烧了,烧了以后,比如是下午烧的,我利用晚上偷偷从火堆里慢慢翻,慢慢挑拣出一两个,我说这是作为"文化大革命"的一种见证。我原来放在艺术馆,但我们经常外出,怕不安全,因为这些都是无价之宝啊,所以现在放在我儿子那边。我准备等木偶艺术馆盖好之后,把这些东西摆出来。这些东西可以说很有意义啊,也是一段历史的见证!很多新加坡和台湾地区的朋友要看这些文物,我说现在没有精力搞这些。(图68、69)

> 图68 1965年徐竹初在漳州木偶剧团工作室雕刻样板戏木偶形象

> 图69 1966年7月《人民日报》刊登文章《龙溪木偶》,内有《椰林赞歌》剧照和杨胜的表演照片

传统的东西，同时也是地方性的东西，都很有代表性，都毁掉了，我们觉得很可惜。

不久，"文化大革命"结束了。改革开放以后我们跟台湾地区有来往，台湾人把我们福建这些旧的木偶全部都买回去了。所以，我们现在留下来的旧木偶已经很少了。一个是"文化大革命"破坏掉，另一个是个别人虽然保存了一点，但台湾人过来出高价把整个班子的都买走了。在"文化大革命"当中，这些木偶文物一钱不值，台湾人一个木偶出价一二十块钱，大家都很高兴，以为是白得的，把木偶都卖了。所以，传统的木偶也就所剩无几了。

我们是等到老了以后再恢复传统的东西，已经太迟了。所以当时我就很沉痛，但是要跟谁讲呢？没有人可以讲。当时我就想，这辈子就到此为止了！没想到十年后（"文革"结束后）又恢复起来了。

"文化大革命"时期大家都要集中起来学习，后来剧团就宣布解散了。有的下到工厂，有的自己回家找活路（自谋生路），大多被发配到工厂工作。原来我们剧团有65个人，后来宣布解散，留下8个人，8个人包括京剧团的、芗剧团（地方戏）的，还有歌仔戏团的，这几个团合起来成立了一个文宣队——"文艺宣传队"，主要是演一些歌颂毛主席、歌颂"文化大革命"的歌舞剧，演唱一些革命歌曲，就是唱一些毛主席语录，到乡下、到各地去宣传。

当时我很幸运留了下来，那我为什么留下来了呢？本来我也是站错了队，我是"保皇派"。为什么叫"保皇派"呢？因为我是站在领导这边的，那些造反的，我们说得不好听点，都是一些表现不好的、七七八八的人。我们这些当时都是比较忠诚于党、忠于工作的人，一般对领导都比较拥护，所以我们被称为"保皇派"。"保皇派"在那个时候很不吃香，因为被造反的都是那些"保皇派"。所以我们当时（的罪名）一个是"保皇派"，一个是"大黑帮"。由于当时我在剧团不是大领导，我是一般的小领导、小组长，我刚才讲的陈南田那些人是团长、书记，所以他们才是大领导，都要靠边站。我也是算黑帮的一分子，不算大黑帮，也有问题就是了，这样我就幸运地留下来了。还有一个重要的因素就是，剧团当时叫做演出队，要演出样板戏，比如《智取威虎山》，还有《红灯记》《沙家浜》《杜鹃山》、《红岩》等等，演出需要一些人物、角色，当时剧团只有我会刻木偶，如果有别人，我就留不下来了，所以剧团没有我就没办法演了，我就留下来专门制作这些木偶。（图70~图72）

由于样板戏本身就有一个固定的形象，这些衣服、帽子，也都是根据样板戏的形态、颜色，把它做起来。演员也不用演唱，用的是那种人家把京剧唱的录下来的卡带伴唱，当时叫做"不能走样"，所以就把它录下来，配上我们

▶ 图70 样板戏《杜鹃山》中的角色柯湘

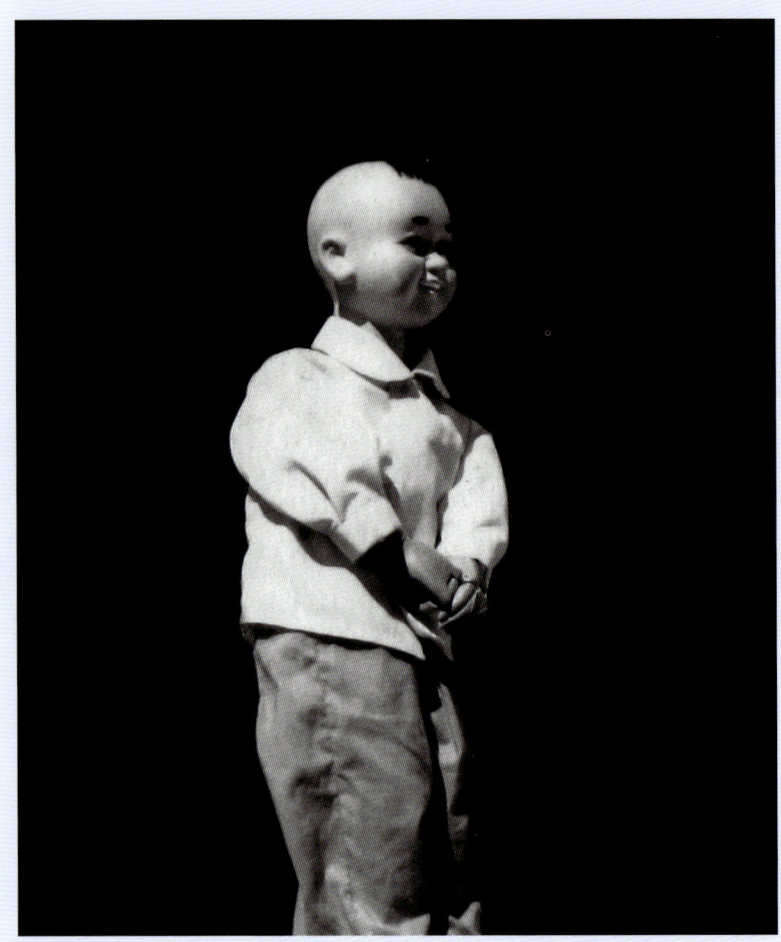

> 图 71 童话剧《姐弟俩》的剧照

木偶的形象。衣服不是我设计的，但偶头是我刻的，帽子也是我做的。当时就我一个人做木偶，又要求速度很快，整天忙个不停。我们文宣队一般都到山区去，到我们漳州一些比较高的山上去，去宣传革命样板戏，那时候就只能演这个东西，所以我就留下来专门为他们制作木偶。

我也很忙，一个形象往往要搞好几个。因为当时一出戏里，比如解放军出来，不是只出来一个，有时候是好几个。还有那个叫做"蒋匪兵"的，一出来也是好几个。还有舞台加大后，传统的木偶就显得太小了，我把它改大一点，群众才看得见。还有身段搞起来也不能像传统那样扁扁的，要让它立体起来，所以我进行了一些改革。后来

>> 图72 样板戏《智取威虎山》中的角色杨子荣

我不单是刻（木偶），我还发明了用玻璃钢来搞木偶的人物形象，因为玻璃钢融化了是液体的，用铸模的形式搞起来又快、又轻便，所以比较受那些演员的欢迎。我就这样做了一段（时间）。

大概是1976年10月，"四人帮"倒台了，到了1977年、1978年，"文化大革命"终于结束了。邓小平同志起来当领导，我们就又恢复了传统戏。剧团只有我一个人在做木偶，我父亲也转到别的行业去了。当时已经十多年没做了，那些样品都已经没有了，所以我就想把它慢慢恢复起来。

恢复后我们剧团接到的第一个任务是出国访问，到澳大利亚。因为已经是中断了十多年没有出国了嘛，最后一次出国是1963年的时候到印尼，后来"文化大革命"这一段全部中断了。去的时候，要求我们带一些传统的戏，所以又把《大名府》这些剧目重新恢复起来。因为就我一个人在制作木偶，所以还是很忙，忙得都顾不上家里，整天在做。（图73）

接下来之后就是我到香港举办木偶雕刻展览，到台湾、澳门，到世界各国展览，所以这些东西才慢慢地恢复起来，我把我知道的木偶造

>> 图73 《大名府》剧照 徐竹初提供

065

型恢复起来，把想象当中的木偶造型刻出来。

　　大概是1978年，我在"文化大革命"结束以后当上木偶剧团的副团长。我原来是在剧团当组长、文宣队的队长，文宣队解散以后各个剧团恢复了自己的名称，如"芗剧团"恢复回"芗剧团"，"木偶剧团"恢复回"木偶剧团"，我就一直待在木偶剧团，直到1998年退休。

　　我刚才讲我当上了副团长，经常带团到山区里面演出，所以我爱人就很有意见，说我为了工作都没有顾到这个家。我爱人其实也一直在帮我做，她主要是搞木偶服装的，还有帮我给木偶梳头，但她不是我们木偶剧团的职工。她原来都是自己绣服装，"破四旧"时不是把传统东西都破坏掉了嘛，传统木偶服装也毁得差不多了，她就做传统的木偶服装，把传统的东西恢复起来。不仅帮我们剧团做，别的剧团也请她做，包括原来泉州木偶剧团的黄奕缺[13]，也叫她做过。还有民间的一些戏班，还有后来我们大陆跟台湾地区有来往，她就主要做台湾地区的生意。因为台湾地区用的木偶都很旧了，都是新中国成立前从我们这里带过去的，都没有什么新刻的，最多是翻新一下，衣服也都很旧了，所以就找她订做。

　　我退休以后并没有休息，天天到这里报到，我们这个馆（竹初木偶艺术馆）是在1997年搞的，之前因为我儿子也在做木偶市场，有做传统的，也有做玩具，所以我就想，我退休以后也来做个艺术馆，反正精力还有。我儿子非常支持我，我们搞的这个馆大部分资金都是他投入的，他以前做市场剩的那点钱都投入到这里来了，现在也是，挣的钱也是刚好能维持这个馆吧。我退休以后天天来这里，跟上班一样，来这里就是雕刻一些木偶，带带徒弟。我们艺术馆是综合性的，有雕刻，也有表演，我自己跟我女儿、我儿子教雕刻，还有我利用我以前的关系，请我们原来剧团的演员来教学员。学员招了不少，可是都跑光了。（图74～图76）

　　艺术馆成立后接待了很多来参观的人，包括很多国家领导人和新闻媒体，还有一些艺术家过来跟我交流。虽然我们是属于民间团体，但是我这里也可以说是漳州民间文化交流的一个窗口嘛。所以

》 图74、75、76 竹初木偶艺术馆 2006年8月12日摄

我说政府应该给我们适当的支持，现在我们艺术馆还能勉强生存，以后就很难说了，只能说是"度着度着"（得过且过，勉强生活）。

我以前提到我家里人口很多，我有4个弟弟、5个妹妹，有两个是继母生的，同父母的弟弟有4个，还有3个妹妹。我是老大，我最小的弟妹比我小十几岁。我父亲主要就教我一个，我弟弟都是我带的。老二徐聪

图77 徐家三代人：徐强、徐竹初、徐年松

亮是我教的，"文化大革命"的时候排样板戏，都是新形象，我一个人刻不过来，当时他正上山下乡，就把他从乡下调过来帮忙，以后就留在了我们团里当美工。只有他现在还在搞木偶雕刻创作。

老三徐聪明十来岁时，我就把他带到木偶剧团来，没有工资，吃饭钱都是我来承担的。后来他去参军了，"文化大革命"后转业，现在在一个剧场当经理，他业余也刻一些。我最小的弟弟叫徐聪中，只有他没干过这行。我妹妹、妹夫也会刻木偶。他们有的在工艺厂，现在都退休了。（图77）

我这个人对工作比较负责任，对事业追求还是比较高的，我到单位去的话，基本把精力都投在工作上，所以我参加工作以后基本上没有礼拜天，没有什么休息日，节日里我都没怎么回过家。包括晚上剧团演出，我也跟着。早上我又很早起来，中午也很少休息。我工作很积极，所以好几次我被评为什么"建设社会主义积极分子"啊、"先进工作者"啊，荣誉证书大部分都丢了。反正过去我经常受表彰就是了。也因为这样，我才认识了我现在的爱人。

口述人：吴德星
时　间：2007年8月30日下午
地　点：竹初木偶艺术馆

我在剧团主要是搞编剧，我爱人（朱亚来）是搞表演的，老徐是搞雕刻的，所以在工作上需要很多的配合。特别是他跟我爱人，一个表演，一个雕刻，他刻好以后，交给我爱人表演，我爱人就会从表演上提一些要求，他再做一些修改。

一般木偶剧团比较重视演员，因为他们直接跟外界发生联系，直接面对观众的。但是从木偶剧的角度来说，一个是演员的表演，一个是雕刻，这两个都是缺一不可的。没有木偶，你怎么表演。所以，木偶雕刻要跟演员密切配合，在演出上有一些什么特殊要求，两个就互相交流探讨。

如果排练一出新的剧目，导演就会根据角色的需要要求他雕出一个形象出来。雕完以后拿给演员，如果演员满意了，就可以上台表演了。现代戏跟传统戏不一样，一出戏要雕刻很多木偶，传统的有固定的人物，一个木偶戴上不同的帽子，穿上不同的衣服，就可以扮演好几个。现代戏里面，一个人物在不同的场合就要有不同的形象，比如演文戏和演武戏的场合，就要变换形象。而一个木偶要雕刻好几天的时间，加上装饰，要很长时间。加上平时我们训练要用的木偶，老演员演戏用的木偶，小演员排练用的木偶，再加上当时有好几个演出队，要好几套的木偶，所以说他的工作很辛苦。当时我们木偶剧团有提线的演出队，还有一支铁枝木偶队，加上两个布袋木偶演出队，要大量的木偶。当时我们剧团里面有一个展厅，没有排新剧目的时候，他还得雕刻一些木偶，做成工艺品，可以展览的。

因此，老徐的工作一点都不轻松。他上班一般就是埋头苦干，很少跟大家接触，除非跟演员交流一些东西。当时大家分工也不是那么明确，虽然也有专门的服装师、舞台设计师，但是有时候道具、帽子这些东西大家也一起做。（图78）

"文化大革命"开始后，我们木偶剧团解散，成立了一个木偶演出队、宣传队，他当我们的队长。才过两年，宣传队就解散了，他当我们木偶剧团的副团长。文宣队不能演古装戏，只能演样板戏。当时我们也排练一些革命样板戏，比如《智取威虎山》、《奇袭白虎团》等，还有《沙家浜》片段。因为剧本都一样的，我也不用编剧，我主要是导演，老徐负责雕刻，形象跟原来传统的完全不一样了，舞台也不一样，变大了。我们当时到处去演出，到全省各地，到福州，也有到北京演出，坐公交车，包汽车，坐火车去。"文化大革命"的时候，贺龙有看过我们演出，后来还专门调我们到北京演出。

老徐这个人很老实，他是烟、茶、酒不沾。现在退休了，才有时在这里泡泡茶。我是烟、茶、酒样样不落，因为我这个人是搞编剧的，有时

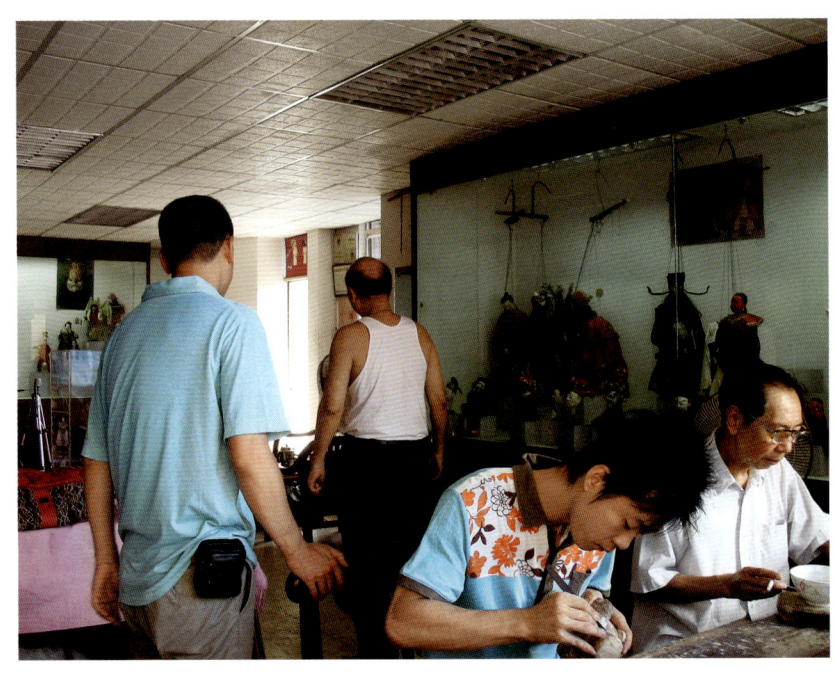

▶ 图78 徐竹初、徐强、陈林基、吴德星在竹初艺术馆 2007年9月2日摄

>> 图79 竹初木偶艺术馆表演团在排练节目 2006年8月12日摄

候写到半夜，要思考，要抽根烟、喝口茶提提神。他是雕刻的，两个手都要动，没有抽烟的习惯。

我们现在都退休了。每天老徐都要到这里（木偶艺术馆）来，对他来说，这里是他每天必来的地方。他这个人平时也没有什么爱好，就是闲暇的时候看看书了、看看报纸。我也过来看看书报，他们如果要排练什么节目了，我就过来参加，他们这里排演的主要是传统剧目，我曾经给他们编过剧目，比如《猪八戒背媳妇》，还有一个是《大道公》，去年圣诞节他们的艺术团去香港演出，他特地让我给他们排了个现代节目。（图79）

我从没见老徐清闲过，他每天来这里，不是招待客人、接电话，就是雕刻木偶，偶尔停下来看一会儿报纸，他就是我们闽南人所说的"劳碌命"吧。在艺术上，我们都是很佩服他的，这也是他勤奋的结果吧。

五、家庭篇1：家人对我事业默默的支持

口述人：徐竹初
时　间：2006年8月13日早晨
地　点：竹初木偶艺术馆

我和我爱人是怎么认识的？我爱人叫郑淑香，她过去是学医的，她最早是在咱们这边部队的九四医院，年轻的时候在那边学习当护士，毕业以后就下地方，下到一个工厂，火柴厂的医疗室。过去她是很活泼的，讲话很流利。当时不是搞"人民公社"、"大跃进"嘛，轰轰烈烈搞社会主义，反正你念书就能念到这些。漳州市举办"建设社会主义工业、农业成果展"，她就调到这个展馆当讲解员。展馆里主要介绍在社会主义建设中的一些突出人物、模范人物，而我当时又是"建设社会主义积极分子"，所以我的照片被放大了放在展馆里面，刚好她是我这个馆的讲解员，讲解我的事迹，所以她对我有些印象。后来朋友就介绍我俩认识。但她家里也不太同意，因为我是唱戏团的，好像低人一等，当时在民间还是这样（认为）的，还有当时我很穷，我到她家去的时候都是穿一件破棉袄，破破烂烂的，穷得不得了，所以她家里人不认可。（图80）

她主要是看中我的人品，所以不久（1959年）我们还是结婚了。我们一无所有。为什么一无所有呢？一个是我在木偶剧团收入本身就不多，有时候还要接济我弟弟妹妹，因为我父亲收入很有限，照顾不过来；另一个原因是她家里也不大同意，也没替我们操办什么。所以我们就搬出来自己住，住在漳州木偶剧团宿舍[114]。当时我们也没有什么家具，都是用我父母亲留下来的家具。我家里很穷，我父亲又再娶了一个老婆，本来孩子就多，关照不了，所以我也没给她家任何钱。我就把家里原来家具搬来，两个人的被子搬到一起，就算结了婚。应该说我老婆帮了我很多忙，也没有嫌弃我，我欠她很多东西。

1961年，我的女儿快出生的时候，当时我们剧团有

▶ 图80 徐竹初爱人郑淑香 2007年9月1日摄于徐竹初家里

任务，到上海美术制片厂去拍一部电影，叫做《掌中戏》，叫我一定要去，因为没人啊，只有我一个人会雕刻。我要走的时候，比如说我早上9点多钟要走，我的女儿是早上7点多钟出生的，我只看了她一眼就走了。原来我想我只去一段时间就回来，没想到这一去就是半年多，4月份走，年底才回来。通讯不发达，加上当时漳州市搞备战，火车停开，汽车停走。我走之前，我们是自己住，她一个人拉扯孩子，后来我丈母娘过来帮她。我老婆对此很有意见，我回来的时候，她说我："你怎么走这么久！你的孩子刚出生，你马上就走了！"好像我的心肠很硬。但是当时我们是为了艺术，为了工作，这是一段插曲。

后来她撑着这个家，几乎是自己一个人把孩子养起来。当时收入也很有限，她结婚生孩子后就已经没有在医务室工作了。所以说，我们家能有今天这个样子也是不大容易的，应该说她付出了很多代价。特别是我在搞事业、建馆（木偶艺术馆）啊，一切代价都是她付出的。在生活上她也是非常勤俭的，所以好多人对我们说，像你们这么大年纪应该要好好享受！但是她现在还是每天干到十一二点才睡，虽然干得比以前少了，但从没停下。

她结婚之后就一直在帮助我，设计衣服、搞制作，请外面的女工来做。现在比较少刺绣了，有的时候是人家绣好了，我们把它综合（组装）起来。虽然有时候她也会说两句，抱怨一下，但说过就忘记了，这么多年了，我们也没有红过脸（吵架）。她就是这种人，不会去计较很多。

我女儿和儿子从小都是他们母亲带着的，我也没空管他们，他们都很乖，特别是我女儿，跟我一样，不爱讲话。他们不会像别的孩子那样，缠着你要这要那的，对吃穿也没那么多讲究。他们初中毕业以后，刚好赶上我们木偶剧团内部招工，我就利用我自己的关系，把他们两个都招到我们剧团了，在剧团里面他们两个主要是做我的帮手。我女儿设计了很多衣服，给木偶做头发，我儿子后来出来搞市场，他的钱都投到我这个艺术馆了，应该说他们给了我事业很大的支持。

六、家庭篇2：家人朋友眼中的徐竹初

口述人：郑淑香（徐竹初的爱人）
时　间：2007年8月31日下午
地　点：徐竹初家里（漳州市澎湖路6号漳州木偶剧团宿舍）

没结婚前，我起初是在九四医院当护理员，是一个秘书[15]介绍我去的。后来九四医院要去支援北大荒，我没有去，就分配到火柴厂去了，厂子不大，一般当时厂的规模都不是很大。

那段时间是"大跃进"时期，政府举办各种各样的展览馆，表彰在各行各业中一些有突出表现的人。所以当时就办了"公交展览馆"，公交系统、轻工业部门管的。也有"农业馆"、"综合馆"。我以前小，不

懂事，性格比较活泼，所以我被展馆借去当讲解员，我就是在那里跟老徐认识的。那时我平时在厂里工作，展览馆要我去，我就去。后来，市里面办一个"新社会与旧社会的比较"（的展览），叫做"红旗馆"，我就是在那里讲解工业上的一些先进人物，他（作为先进人物）就在这个馆里，我刚好讲解他的事迹。

我对他第一印象怎样？他给我的印象真的很好啊。我当时就觉得啊，他这人这么老实、朴素，工作又这么好（勤奋），所以就同意跟他好了。他经常去找我。他姨，就是他母亲的妹妹，也认识我。有一段时间，我们工厂到华安[16]支援农业建设，我也去了，我当连长，她当排长。我们到华安下漳的一个村，开会要到华安县的公社开，我们都是走路去的，要走很远，一路聊天过去，就这样认识了他姨。他姨就有这个意向要把我介绍给他，我也刚好讲解他的事迹，当时我觉得他工作上很不错啊。（图81）

他给我第一印象就是非常老实。以前我们都是穿拖鞋的，他却是穿着木头做的那个，就是木屐，[17]穿一件破棉大衣。以前我们很老实，也不会问问人家他家庭怎么样，经济怎么样，以前哪里懂得问人家有没有钱？！结婚也不知道向人家要什么。我都没有，结婚时没买过一件衣服，我平时穿什么就是什么，也没有特意去买过什么衣服。当时他母亲已经过世了，我们就用他母亲的床铺。他父亲娶了一个继母，也没有管他。我认识他的时候，他就没住在家里，住在当时漳州市图书馆的楼上。我也不知道这些事，也没有问过他，他也没有跟我讲过，都是靠自己了。我跟我公公也没太多接触，他这个人也是好量好量（随和、肚量大）。我们结婚的时候他也有过来走走（亲戚），但不经常了。

我是1959年结的婚。结婚那天是过年，我们一起在我家吃了年夜饭，吃完了，他对我说："我们一起走吧。"我们就走路到我们的新家。就在新浦头那边，现在的祥和新村那里租了一间房子，一个月两块钱，就像这样子一间[18]。只有一张床铺、一张桌子，没有卫生间，也没有厨房，就在走廊那搭了一个灶台。很简单，连被子也没买，我原来在医院的时候有一条被子，他自己有一条，合起来盖就是了。枕头也是我原来的，有两个，也没再买。结婚也没有请客，就是他几个同学来我们新家，坐在床铺上聊聊天，没有茶，也没有糖。以前都不懂。他也很老实，什么都不懂，也不懂得要拍什么结婚照。

结婚第二年，我就怀孕了，我女儿出生时他也不在我身边。那天我上午7点多钟要生孩子，他说他要坐9点的火车到上海去，不能陪我。我自己走到医院去，没有谁跟我一起去。7点多时，他说："你在

图81 徐竹初的家就在这栋楼——漳州木偶剧团的楼上 2007年9月2日摄

医院哦,那我就跟你妈妈讲,让她过来陪你。"他跟我妈讲了,我妈妈赶到医院来一看,我已经生了,很高兴地说:"你这么快生出来,太好了!"竹初这一去就是小半年,一直到小孩4个多月后,他才回来。(图82)

我生完孩子出院后就住到母亲家,我自己一个人不敢带孩子,怕孩子有什么病痛之类的。当时我母亲在纺纱厂工作,身体不太好,经常头痛,我也不大敢叫她帮忙。我坐月子的时候,还要煮饭给我母亲、我姐姐、我弟弟吃。

▶ 图82 郑淑香在绣花

还没结婚的时候,他父亲知道我跟他儿子处对象,怕我们吹了,他就跟我讲:"你不要在火柴厂工作了,你到我们厂里做工,我在厂里当厂长,给你安排工作。"我之前不知道他是厂长,他厂里是干什么的,所以我就不去。后来他一直讲一直讲,我就跟他去厂里工作,才知道他厂里在做什么,原来是叫我去他厂里印泥土娃娃。我不喜欢,因为冬天很冷,我还要用手去弄那个泥土,而且又很脏。我以前在工厂不是当讲解员,就是坐着干活,很轻松,现在叫我去弄那个泥土,我就不大喜欢。后来我有了孩子,竹初就说:"你要是不喜欢那就别做了,在家带孩子。"我也是这么想的,想等孩子大点了,我再出来专心工作。

等孩子长大读小学了,我就出来专心找工作。可是当时就很难找到工作了。以前我觉得工作很好找,因为我以前找工作都是很容易的,我家是军属,政府有特殊照顾。我当时跑到医院问人家:"你们这里需要什么工作人员?我想来这里工作。"人家就说"好好好"。我当时年纪小小的,自己就敢出去找工作。我十几号去找的工作,人家说:"你一号过来报到吧,回去准备准备。"我很高兴,第一个月工资就领了20多块。当时钱很大(价值很高),一块钱就能买很多东西,高兴得不得了。因为这种情况,所以我觉得工作很好找,就想等我小孩长大了再来找工作,没想到到了那时工作这么难找。

没办法,我就只好到人家厂里拿那个人家开车戴的手套(劳保手套)回家做、缝,还有到人家那个纺纱厂、织布厂拿那些纱回家自己织。

孩子再大点,我又出去拿些枕头套回来绣,就是用这个车子(缝纫机)车(缝纫)。我一个晚上能车三副半的枕头套,车一副枕头套就六毛五,我一晚上就挣两块多钱,欢喜(高兴)得要死。后来,剧团排练《三打白骨精》,要我做尪仔[19]衫,我就是从那个时候开始干这行,蛮做蛮做(尝试着做),这一做就做到现在了。我的想法是把生活顾好了就可以了,有点钱挣就很欢喜了。我这人就这样,不会想太多。

我虽然给剧团做尪仔衫，但我不是他们剧团的，不属于固定编制。有时老徐设计什么尪仔要什么衣服，我就帮他做，平时一些业余木偶戏班也找我做尪仔衫。以前我也做人戏的戏装。（图83、84）

以前工钱真便宜，做一件尪仔衫工钱也就十几块钱，但还是很开心。那时候一个尪仔头（指徐老雕刻的）就3块钱，便宜得要死。等于也是半送给人家的。八几年的时候，黄奕缺找我订了3件服装，提线木偶的，尺寸比较大。一件小旦穿的，一件龙袍，还有一件小生的。那件小旦的衣服要一百多块。当时已经是改革开放后了，对这些传统的、古董的比较重视。我的孩子叫我去泉州，说泉州很多人要订做尪仔衫，叫我去逛逛，不然我哪里懂得去那里。后来我又去了一回香港。我去香港干吗呢？当时老徐到香港办展[20]，我跟我的朋友还有我家年轻的（儿子徐强）办旅游签证到香港去。当时我想，我们自己也要办木偶艺术馆，我就想让我家徐强去看看人家是怎么布展的。

老徐这个人吧，就是很老实了。以前他在剧团兼副团长，又要刻尪仔，有时候又要带团出

▶ 图83、84 徐竹初家的客厅，没有华丽的装饰，家具还是上个世纪80年代的款式，可以看出，这个家的主人，把心思都扑在工作上了　2007年9月2日摄

国,又要到处演出,很忙。我也不敢叫他帮家里的忙,家里都是我一个人在操持,孩子也是我在带。有时大清早他出去散步时也会顺路帮我带点菜回来,这样我就有时间多干点活。他实在太忙了,不能叫他干活!

无论干多少活,他领的工资是死的,就那么多。我跟他结婚的时候,他的工资一个月40多块钱,我安排一些用来作为生活的开支,一些用来添置点东西,我自己再挣点钱补贴家用,不然那点工资哪里够花。如果他要出差,我就会塞些钱给他,怕他出门没钱。虽然出差差旅费也能报销,但他真的很老实,我怕他有时候会饿着、冻着,拿些钱放他身上,我也比较放心。

有时出差回来,他也带点小礼物给我们,也没有什么贵重物品,就是些小工艺品。家里小孩一看,就讨去玩,都基本损坏掉了。比如有次去海南,买了个玩具,用椰子壳做的工艺品。我(只)顾自己干活,小孩就拿去玩,不几天就脏掉、破掉了。我自己也没有跟他要求要什么礼物,我身上什么(首饰、装饰品等之类的东西)也没戴。在家里我都穿这种不古不怪的衣服[21],简单点才好干活,穿戴着那些累赘的东西,干不了什么活。

小孩初中毕业时,刚好木偶剧团招木偶班,两个孩子都进去了,后来到省艺校读木偶雕刻班,毕业了就跟他父亲在木偶剧团,协助他父亲做木偶。后来我做尪仔衫,我女儿有时候也帮帮我,她也会做,她还会给木偶梳头。(图85)

老徐脾气很好,我们在一起也会冤家(吵架,拌嘴),但从没有大吵大闹过,都是一会儿就完事的。他和我都那么忙,整天都是忙忙碌碌,没什么好冤家的。你叫我整天吵吵闹闹,不行!俗语不是说吗,"嫁鸡随鸡,嫁狗随狗"。他要干什么随他去,我自己把小孩带好,把这个家照顾好,这样就好了!政府给咱分房子,咱应该高兴对不对?政府让他当副团长,咱也应该高兴,你说对不对?他人太老实了,往前在剧团,剧团不是对演员比较看重嘛,有的演员脾气比较坏,看轻他,

▷ 图85 放在徐竹初家里的这台缝纫机,郑淑香用来缝纫"尪仔衫",已经用了几十年了 2007年9月2日摄

看他在那里做雕刻，心情不好了就骂他，他也是一声不吭的，不说什么，我看了真可怜。以前有个女的团长，叫陈青，她人很好，看到别人欺负他，就制止他们，叫他们不能那样。后来她也调走了。现在政府这样重视他，咱要感到高兴，对吧？

我们平时、假日都没有休息，我也是经常工作到晚上12点，为了这个家，只能这么做。平常我们都没怎么出去玩，没有什么娱乐活动，对生活也没太多讲究，吃饱穿暖就可以了，那么多要求干吗？老徐他也没什么爱好，就是有时候早上、傍晚去我们这里附近的公园散散步。我刚说了，结婚时都没拍什么结婚照，后来全家有时会拍个照什么的做纪念。1991年那年刮台风，当时我家还在木偶剧团宿舍楼下，房屋倒掉了，东西都被压坏掉了。因为刮台风还下着大雨，东西都淋湿了，家里的照片都粘在一起，拆开就都破掉了。当时也没有想着把它们捡回来修补修补，都不知扔到哪里去了。以前忙得要死，哪有闲功夫去想这些。一心就是扑在工作上，没有现在这么讲究。以前有口饭吃，有一点钱赚就开心得要死。你说对不对？

口述人：徐惠卿（徐竹初的女儿）
时　　间：2007年9月1日下午
地　　点：竹初木偶艺术馆

我们家住在木偶剧团的楼上。平时我们都由母亲带，她除了做一些手工，剩下时间都带我们。为了这个家，她辞去工作，回家专心带我们。我父亲的生活跟其他父亲没有什么两样，他对我们很和蔼，跟我们比较少开玩笑，因为他平时也很少讲话，但是会带我们玩就是了，带我们出去散步啊等等，也会买一些东西给我们吃。因为他平时太忙了，所以一般只有到过节的时候，过大节的时候才会带我们出去，去看放烟花啊什么的。还有他出差回来，也会给我们带点玩具回来。比如一颗糖果，小孩喜欢吃的东西，也会买一些手工艺品。

> 图86 徐竹初的女儿徐惠卿在竹初木偶艺术馆雕刻木偶 2007年9月2日摄

▶ 图87 徐竹初与儿子徐强在竹初木偶艺术馆 2007年8月29日摄

他平时也没有什么爱好，就是喜欢散步，一般到中山公园散散步，跟一些老人家喝喝茶。以前他大部分时间都在单位里，从早忙到晚。现在退休了，除了在家里睡觉、吃饭，他大部分时间都在这个艺术馆里面。（图86～图88）

我对我父亲的印象，主要一点就是他不会重男轻女。还有我父亲很热爱这门艺术，生活也很节约，他的大部分资金都投资在木偶艺术事业上面。在刚开始大家对这个木偶事业还不了解的情况下，他还是坚持，从没有放弃。为了让大家了解这门艺术，他做了很多，从不灰心。

为了建艺术馆[22]他把收入的大部分都用在这里，但还是不够。他退休工资有三千多，应该算不少了，可是他非常节约，为了省钱，他连头发都舍不得到理发店去染，都是自己随便染一下。他说这里经常要接待客人嘛，不染头发又怕外表不好看，所以就自己随便买一个染发剂，自己染一下。现代人几乎没有穿破衣服的，衣服款式过时了就不穿了，他没

▶ 图88 上个世纪80年代中期徐强在漳州木偶剧团雕刻木偶

077

有，不要说款式，连破了还在穿！有时候母亲说："算了吧，都这样了还是放弃吧！"可是为了让大家更了解这个木偶艺术，他从没有放弃过！

他除了做这个传统艺术，小时候我还看他做现代戏的那种（木偶），像什么学生之类的，时间虽然过去了十几年，但是现在想起来还是觉得很漂亮。那时排过一些样板戏，比如《智取威虎山》、《送皮包的故事》等等。我记得我上幼儿园、小学的时候，他们演出，我就站在凳子上看，当时个子小嘛。我站着站着，不知不觉就站到凳子的一头去了，凳子翻过来，整个人都倒下去了，看得太入迷了。我对那些印象很好、很深，所以我都记得那些木偶形象，既贴近现实，又有一些想象的材料，自己主观想象的东西，在舞台上效果都非常好。

还有他做的一些形象也非常有意思，像《三打白骨精》里面的那个孙猴子，有拟人的东西，非常可爱。我觉得这些形象过了这么多年现在看起来还是这么好看，觉得他不是只停留在传统这里，他从传统的几十种造型发展到这样，很不容易，他不是停留在这个表层。我觉得他的东西，除了舞台上效果好看，特写的镜头也好看，还有放在陈列柜里看起来也很精细。做到这点很不容易，需要几十年的积累。我们现在不像古人，现代有很多东西可以参考，有很多书籍、画报，还有电视上很多东西可以参考。在以前资料不是很丰富的情况下，他做出了那么多造型，我感觉是很不容易的。

他大部分的时间都花在这个艺术上，他在木偶剧团还要兼那么多工作，也是很辛苦的。所以除了小时候偶尔带我们玩，给我们买些吃的和玩具来表达他的父爱，平时他的话就讲得比较少，我的性格跟他很像，比较内向。但是他经常接触外面的一些人，跟人聊天，所以见到什么大人物也不会怯场，谈起艺术来可以讲很久。

关于我爷爷（徐年松），从我记事起，接触的不是很多。我爸爸14岁读初中的时候，我奶奶死了，他又续娶了一个，他跟我爸爸的继母也有孩子，所以他主要还是在那一头，没跟我们住在一起，所以也有点隔阂。后来可能是因为老了，想起我们了，所以有时候就过来

▶ 图89 上个世纪90年代徐年松在竹初木偶艺术馆雕刻木偶

（竹初木偶艺术馆）看一看。

我爷爷什么都会雕刻，他主要雕刻菩萨。有时他也会过来这里看一看，有时看完了，他就会很高兴。有时候我把作品拿给他看，他也会给我指点一下，有时会讲一些艺术方面的，针对我的情况谈一点意见。他的性格跟我爸爸一样，都是很好了，不爱讲话。我们如果问他，他就会跟我们说说话。如果不问，他就在那边呵呵地笑，也不说什么，很高兴的样子。过一段时间，他老人家就会拄着一根拐杖，过来看一看我们。有时候我弟弟没有在这里，他就会在那边问："阿强（徐强）呢？阿强呢？"有时我送他回去，有时他觉得累了，也会雇三轮车回去。艺术馆建成时老人家已经80几岁了，2004年的时候他故去了，我们到艺术馆来，有时候不知不觉就会想起他。（图89）

徐惠卿简介

徐竹初的女儿，1961年出生，是徐家木偶雕刻第七代传人，也是中国唯一的一位女性木偶雕刻造型设计师。她创作设计的古代女性造型生动而传神，充分体现了中华传统艺术造型的美。她设计制作的古代绣品、戏剧服装以做工精美、刺绣高超而享誉海内外，深受各国艺术家的好评。她的作品不但为艺术家们所喜爱和收藏，还作为礼品赠送给中外友好人士，并在国内外的许多国家和地区展览。设计的木偶造型先后获得20多次国家专利。

本章小结

谈到徐竹初,他身边的人,包括他的爱人、他的朋友、他的徒弟,以及他的女儿、儿子,对他的第一印象几乎都是"他很老实了"。的确,与"大师"这个称呼极不相称的是他不着修饰的外表,以及他待人接物的质朴与赤诚。尽管他为我们讲述了很多东西,但我们仍然可以感觉到他其实是很内向的,在谈到他与爱人认识的那一段时,甚至流露出害羞的表情。笔者相信如果可以的话,他宁愿坐在雕刻桌边,操起刻刀,与他的木偶对话。望着他那沉默的背影,我们能感觉到此刻的他进入了最真实、最自由的状态。(图90)

▷ 图90 徐竹初与徒弟陈林基在雕刻木偶 2007年9月2日摄于竹初木偶艺术馆

注 释

[1] 徐年松（1911—2004），其雕刻的木偶人物形象，造型较为写实，所作生角与旦角，与戏曲人物的扮相较为接近，而在脸谱设色上却使用鲜艳的颜色，给人以别具一格的感觉。

[2] 弘一法师，即李叔同（1880—1942），中国近代著名的书法家、诗人、佛学家。早年留学日本。回国后，多年从事美术音乐教育。1918年出家，主张"念佛不忘救国，救国不忘念佛"。1938年正月至四月，时59岁的弘一法师在泉州、惠安、鼓浪屿弘法，写字结缘。厦门沦陷前四天，即五月八日，受漳州(龙溪)佛教界之请，去漳州弘法。得免陷于危城，但却因此陷于漳州，直到十月，由性常法师接回泉州，道经安海，弘法一月。

[3] 这里所指佛祖应为观音。

[4] 1939年2月28日，时弘一法师60岁，自泉州乘车去永春蓬壶乡普济顶寺居572天，在此编著律学多种，与外界断缘，外界传说弘一大师圆寂于此。实际于1942年10月13日下午八时，右肋而卧，安详圆寂于养老院"晚晴室"，遗嘱由妙莲法师执行，时年63岁。

[5] 说书场，闽南话"讲古"为讲历史、说书。

[6] 漳州夏天著名的小吃，又叫做手抓面，其实它更像是一块饼。把细条的面煮熟后捞起来，卷成一个圆形，压成饼状，福建人称它为黄油面饼。铺在碟上，用沙茶、甜酱或辣椒酱涂一涂，就可以加馅了。所谓馅，是将豆腐切成长条，炸完取出，包在面皮里面就那么咬着吃。这是福建人家里的吃法，在街边小摊品尝的话，是一手拿皮，一手用一根小竹签蘸酱来涂。最后放入豆腐干，双手一抓，便能食用。故称手抓面，是穷人家的薄饼。

[7] 底部有洞的平底小竹匾。

[8] 闽南语，"出人头地"的意思。

[9] 闽南俚语，"胆小"的意思。

[10] 1951年5月，漳州市龙溪县成立南江木偶剧团，郑福来为团长，陈南田为当时的骨干演员。

[11] 指苏联木偶专家奥布拉兹卓夫，1952年和1954年，苏联木偶专家奥布拉兹卓夫两度来中国观摩演出。

[12] 电影叫做《闽南傀儡戏》，介绍的是流行在福建省南部的木偶戏，一是提线木偶《新潞安州》，一是掌上木偶《大闹天宫》。表演木偶的艺人们大多是甚至终身是祖传的木偶艺术家，里面包括徐竹初父亲。

[13] 黄奕缺，1928年生于南安，泉州木偶戏演员。为国家一级演员，中国木偶皮影艺术家学会名誉会长，世界木偶联合会会员，福建省木偶艺术学会常务会长，泉州木偶剧团艺术指导、名誉团长。自20世纪90年代以来，黄奕缺先后去过荷兰、德国、法国、英国、美国、日本、韩国以及中东、东南亚等20多个国家和地区，开辟了提线木偶在国际上大展中国传统艺术无穷魅力的文化交流的新格局，海外的木偶艺术家纷纷拜他为师。黄奕缺不但是一位提线木偶表演艺术大师，同时又是一位木偶头雕刻艺术家。他雕刻的木偶头个个栩栩如生、神采奕奕，成为很多国家及地区艺术博物馆的收藏品。曾荣获福建省"百花文艺奖"一等奖、文化部第十届"文华奖"之"文华表演奖"和"文华舞美奖"、首届中国老年文艺调演"金奖"等奖项，被誉为"国际木偶大师"。2007年1月5日因食道癌治疗无效逝世，终年79岁。

[14] 这里可能回忆有误。据徐竹初的爱人郑淑香和徐竹初的朋友吴德星讲述，他们结婚时租住在祥和新村。

[15] 当时漳州九四部队的干部，因为郑淑香是军属，所以找工作就找到部队。

[16] 漳州市下属的一个县。

[17] 以前穿木屐的一般是比较穷的人家。

[18] 指徐竹初家门进去第一个房间，大概有10来平方米。

[19] 闽南语，布袋木偶的称呼。

[20] 指1989年徐竹初受香港文化交流促进中心邀请到香港三联书店举办木偶雕刻展览。

[21] 闽南俚语，指家常、朴素、简单的衣服。比较传统的闽南人把打扮得花枝招展的称为"古怪"。

[22] 指新筹建的竹初木偶艺术馆，刚打好地基，由于筹集不到资金，搁浅了几年，至今无法建成。

第三章

徐竹初谈木偶雕刻艺术创作

XU ZHUCHU IN THE LIVING WORLD OF WANGZAI
An Oral History of Hand Puppet

本章综述

  在本章中，徐竹初为我们讲述传统的木偶雕刻技艺，对他的木偶雕刻创作最有影响的人和事，他在木偶剧团工作时为适应新的表演形式而对木偶进行的一系列改革，以及他在几十年间创作中比较得意的木偶作品。

  在竹初木偶艺术馆，笔者印象最深刻的就是徐竹初雕刻木偶的那张桌子，据说每隔几年，就要换一张桌子。这张桌子用了不过几年时间，但是上面已经是刀痕累累，有的缺口达几厘米深。徐竹初是个左撇子，就在这张桌子旁边，他很耐心地为笔者讲解和示范木偶雕刻的过程。作为一名民间艺人，徐老积累了丰富的经验，怎么选材、用刀，怎么雕刻，他心里非常清楚，也谈了不少东西。只是一些对他来说理所当然的东西，对于旁人，却是很难把握。因此，为了能详尽地记述这门技艺，在他示范的时候，笔者不断地追问他一些技术性的问题，一些相关具体数据、细节，他都耐心地一一回答，没有丝毫的隐瞒。后来，通过他徒弟的说明，笔者才知道，木偶雕刻最重要的就是要专心，雕刻时不能分心做其他事情，否则，很容易滑刀伤到手。而这点，徐老根本没有提及。看着这张桌子，还有徐老左手结的厚厚的茧子，笔者感动莫名。（图1）

▶ 图1 徐竹初雕刻木偶的桌子，上面刀痕累累，桌上的老花镜伴随了徐竹初好几年的时间 2006年8月12日摄于竹初木偶艺术馆（下同）

083

一、技艺篇：传统木偶的制作过程

口 述 人：徐竹初
时　　间：2006年8月13日下午
地　　点：竹初木偶艺术馆
工艺过程：（边做边讲）

刻一个木偶并不像大家想得那么简单，单单工序，细分下来就是几十道，时间上也是要很久的。因为我做的是传统原汁原味的手工艺。传统的手工艺讲究的就是纯手工，快不得。想要做得快就用机器生产，可是机器生产出来的东西，艺术性又不是很高。所以像我这么做（木偶），时间就要很长。单单刻一个胚子就需要半天左右，如果加上修整、上色，大概要三四天，所费工夫很多。时间也不一定，主要是看动的部位多不多，比如嘴巴、鼻子、眼睛都动的话，就要用很多工夫，大概要多用两三天左右的时间，但装上活动结构可以增加木偶的表情。（图2）

▶ 图2 徐竹初在雕刻木偶

做木偶，主要有这几道工序：选材、打胚、定形、细刻、修光、裱纸、上土、磨光、上色、梳头、穿衣、戴帽等，很麻烦。（图3）

1. 选材

做木偶的第一步是选材。选材很重要，为什么？就以前来说，尫仔的主要用途就是演戏用的，一个戏班起码要买上二三十个木偶，才能凑一台

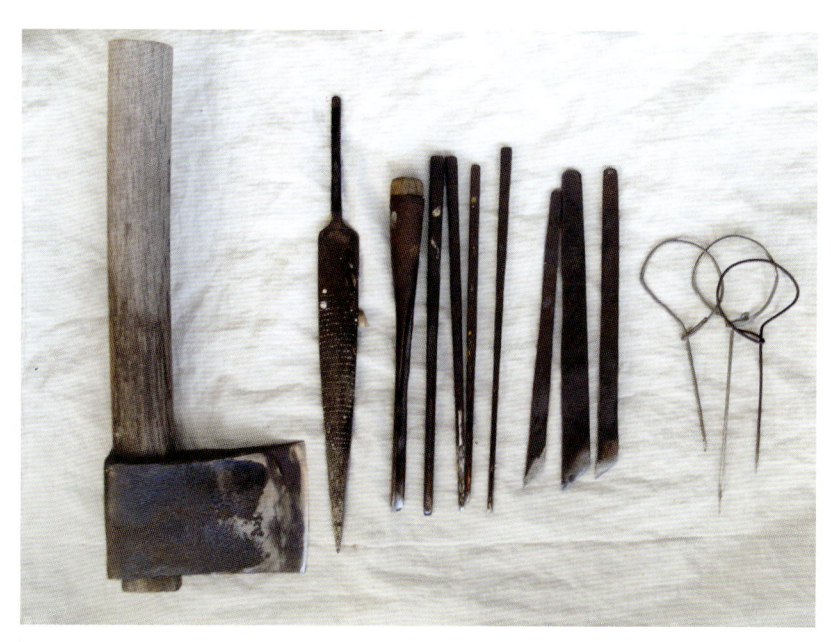

▷ 图3 雕刻木偶用刀，从左到右为：自制的锥子、平刀、圆口刀、斧头

戏，古时候戏班都很穷，今天有出去演戏才能换一碗粥喝，没人请就只能喝西北风了。以前古语说了"做戏头，乞食尾"，就是说演戏的很穷，所以一个尫仔要用很久，用旧了哪敢随便就扔了，掉色了就再上个色，哪里磨损了就再上土修补一下。戏班知道哪家木偶做得好，就找哪家订做。所以，为什么我祖家的木偶那么出名，除了一个是木偶雕得好看，还有一个是品质好，用个上百年没问题。那我家木偶为什么能用这么久呢？跟用料有关系。（图4）

我们这里做木偶一般用的木头是樟木，为什么选樟木呢？第一，樟木是我们闽南家乡盛产的木料，到处都有，取材很方便；第二，它有一种香的味道，一般不会被虫咬，一个木偶可以保存很久，有时候放个几百年没问题；加上这种木头可以吸汗。你有没有看过演尫仔戏？食指插到它颈部里面，拇指和其他三个指头控制两只手。所以尫仔的这个颈部必须掏空，演出时手可以套进去。但是这样套着我们的手指，很容易出汗，特别是在夏天，汗味出来了很容易发臭。我刚才说了，樟木有个香味，而且这种木头还可以吸汗，这样就不容易发臭了。还有樟木木质比较松，比较好雕刻；另外一点就是这种木头比较轻，演

▷ 图4 打木偶胚的工作台在竹初木偶艺术馆的阳台上

图5 徐竹初在砍木偶胚

久了也不会累。这么多优点,所以我们就采用这种木头。

但我们祖家不单单是选樟木,还要选最好的那一段,就是樟儿。那什么叫樟儿呢?就是樟木的主干旁边再接出来的那个新芽。为什么选这个木头呢,因为这个木头比较轻,还有比较不容易裂开,所以用这个木头刻是比较理想的。(图5)

樟木砍下来后要先放上一段时间,让它自然风干。一般我把它堆在屋角、室内,如果让太阳晒到它就很容易裂开。要用的时候,再把这些木头的皮劈掉。

2. 打胚

现在我们先用斧头砍个粗胚。把它劈成三角形(三面柱体),取其中最好的一角,作为面部。比较好的是指各方面,比如纹路比较平整的,没那么多疙疙瘩瘩的东西。为什么劈成三角形?你看人的侧面,是不是鼻子这条线比较高,还有边上两个耳朵,也是最高点,这样加起来就有三个角了。(图6)

所以是一个角做面部,两个角做耳朵的定点。三角形要带点弧度,因为人的脸是圆的,有点鼓起来。在这个基础上再削出两个面,这样就劈成"桃形"了,就是我们吃的那种桃子的形状(从头顶往下看),粗胚就差不多成了。脑袋这个"桃形"其实就是五边形,哪五边呢?中间最高这边是鼻子这条中线,隔壁这两边是脸颊,最边上的是耳朵的位置。这样脑袋的比例就确定了。粗胚的大小视木偶的角色而定,像一般的布袋木偶就是劈成10公分长,宽度一般是7公分左右。如果是刻花脸就要比它大一点,如果是刻小生、小旦就要小一点,

图6 "桃形"木偶胚

一般是以10公分长度为准。我们把这个胚划成三份，用刀大约划一下就可以了，刻久了心里面有数，如果是初学者就拿个铅笔画，看得清楚点。一份做脖子，三分之二留做脸部。沿着三分之一的点把脖子削出来。做这么些都是用斧头砍。砍粗胚也是一个体力活。以前说"传男不传女"，除了说比较封建、保守，怕女儿学了传到外家去，还有一个是女孩子比较没力气，斧头、刻刀使不上劲。不过，用蛮力也不行，要有技巧，比如说削脖子，当然不能直直地往下这么劈，我们就先沿着下巴位置，这么切下去，轮廓线定好了，然后竖着劈下去，这样就不用担心伤到脸部了。刻木偶不是劈柴，要有技巧。（图7～图9）

现在得把脖子挖空了。用锥子先挖个洞，我们再慢慢地把木头掏出来。脖子的形状，以前我讲过了，就是不能是圆形了，要带点椭圆，才能跟我们手指头配套。大小也是要跟食指配套才行。现在这个步骤都改成机器做了，用电钻很快就完成了。

▶ 图7 三分之一以下为脖子的位置

▶ 图8 削出木偶的脖子

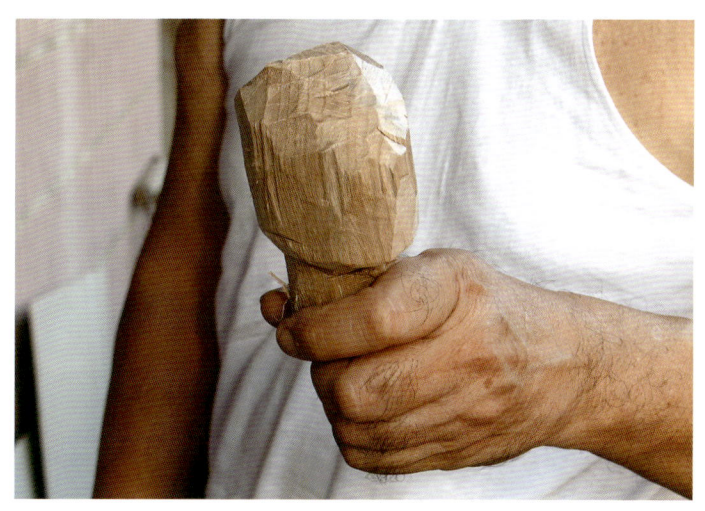

▶ 图9 木偶胚

3. 定形

这个做好之后我们开始来定"五形"。木偶雕刻讲究的就是个"五形三骨"。哪"五形"呢？就是两个眼睛、嘴巴，还有鼻子（两个鼻孔）。"三骨"就是我们的眉骨、颧骨、下颌骨。我们木偶所有的面部表情，什么喜、怒、哀、乐啊，什么忠、奸、美、丑啊，无非就是在这"五形三骨"上变化的。高兴的、笑的，眼睛刻眯一点，嘴角往上翘一点；凶恶的，眼睛刻得圆一点、大一点、凸一点，嘴角往下这么一弯，神气就出来了。木偶雕刻要夸张一点，不能太"人形"，太"人形"了，效果不好。它讲究的就是浪漫夸张，得让老百姓一看就知道他是个好人还是个坏人。（图10）

▶ 图10 徐竹初雕刻木偶的桌子上堆满了各种木偶胚

那么"五形"在哪里呢？我们得先做个记号。木偶虽然夸张，但是它的比例还在那，就是我们经常说的什么"三停五眼"。三停原来是说从竖的分三段，额头到眉毛、眉毛到鼻底，还有鼻底到下巴各三分之一。但是木偶演古装戏的比较多，很多要戴帽子，所以先把戴帽子这个地方留住了，大概是脑袋部分的一半左右。"五眼"指脸的宽度差不多有五个眼睛那么宽。当然了，这"三停五眼"也不是定得那么死，有些丑角很夸张，根本就套不上。比如我们闽南尪仔戏里很著名的"七丑"，里面那个"大头家奴"，额头就占了脑袋三分之二大；还有"小沙弥"，脑袋是葫芦形的，五官很小，挤在中间，所以也没有什么"三停"之说了；包括那个"七爷"，脸长得很长，也套不上。一般那些比较正派的人物，还有"北行"（即"净行"），可以用

▶ 图11 木偶小沙弥

"三停五眼"来套。(图11、12)

我现在要刻的是关公。比例比较接近"三停五眼",就是眼睛比较长,往上斜。这个比例是大概的,用刻刀轻轻刻个痕表示一下就可以了。(图13)

我们先从最高点刻起,就是鼻尖这里。用圆口刀挖,为什么用圆口刀呢?因为它刀身有个凹槽,比较好挖。现在要刻的是大轮廓,刻得比较深,用圆刀挖比较快。鼻子的形概括起来就是个三角椎形。我们已经找到鼻尖那个位置了,用圆口刀直接往下这么挖,挖深了,做个平面,它自然就是个三角形。然后从嘴巴这一段往上推,挖空后鼻子大的体积就出来了。这个地方要挖得比较深,所以我们要注意手势,(木偶)头顶着桌子这么往前"推"就省力多了。这么推,有时候收不住会碰到桌子,所以你看看我的桌子,才用几年就成这样了。我都换了好几张桌子了。碰到桌子没关系,要是碰到手就麻烦了,所以记得刀口不要对准自己就可以了。(图14)

碰到一些大的起伏结构,我们就先挖一道深沟,再从旁边推进去。比如刚才刻鼻子,它是隆起来的,所以我们先在鼻底挖深沟,然后顺着最高点往下推,这样大致的三角锥就出来了,鼻翼两端也是,挖了沟从侧面往里推,然后再慢慢把细微的起伏给刻出来。挖浅了还可以深入,挖深了就不行,都是靠经验积累。先整体再细部,就是这样子的。但是我们说雕刻,用数学作比喻,就是做"减法",它跟我们做泥塑还不一样,泥塑是慢慢给它

图12 定五形 2006年8月13日摄（下同）

图13 用圆口刀修好的木偶胚

图14 挖出鼻子大体轮廓

089

堆起来，慢慢多起来，哪里少了还可以补一点泥上去，雕刻要是少了一块就很难补救，一点点还可以用土补起来，多了就废掉了。所以很难掌握。

接下来，我们开始刻眼睛。眼睛位于脸的中央，眼睛没开好就把整个面部表情、结构都破坏了。关公的眼睛是斜的，叫凤眼。凤眼细细小小的，斜斜的，长长的。所以我们这么斜斜地左右各削一刀过去，一定要对称，然后在靠近鼻梁、眼窝这个地方直直推一刀，把眼眶位置给定下来。（图15）

▶ 图15 挖出眼睛大体轮廓

接下来，把脸颊削斜了。嘴巴呢，上下唇分界面出来了就先放着，等细刻时再来慢慢刻画。

刻木偶对称是很重要的，所以要时时停下来对一对。怎么对呢？正面看五官，也可以从顶上往下瞧，看看脸颊削得对不对称。

这一步，我们还要把戴帽子这个"头戴"刻出来。它就跟脖子一样，直径是固定的，因为帽子的规格一般是固定的，做大了，帽子戴不上，做小了，帽子老是掉，影响演出。所以人家戏班子买木偶，很看重这个的。这个"头戴"跟帽子一样，有个弧度的，这个弧度跟帽子戴得正不正也很有关系。其实也不难，拿两根平刀架着比一下就知道了。一根架在下巴上，一根沿着这弧度，交叉的这个角度如果是60度就可以了。而且，这个交叉这里就是耳朵的位置了。耳朵本来就是支起来的，所以我们也可以把耳朵背后挖深了。耳廓形状也就出来了。后脑勺这里也要修整一下。"头戴"、后脑勺还有脖子的位置都分清楚了。（图16～图18）

▶ 图16 耳朵与"头戴"的位置　　　　　　　　　　▶ 图17、18 木偶头胚正、侧面

这个步骤用的工具主要就是圆口刀，你看，这样显得刀痕很多，所以接下来要细刻，我们就改成平刀。细刻就是把五官结构都刻清楚来。大至脸的轮廓，小至眼皮的厚度，耳朵里面的结构都要刻清楚。

4．粗胚

口述人：徐竹初
时　　间：2006年8月14日上午
地　　点：竹初木偶艺术馆

用圆口刀把木偶的大体轮廓定型下来，平刀主要是刻细部，比较细致。用圆口刀只能刻一个大概轮廓，因为它的刀口呈凹行，挖结构就很快，也比较省力。像一些小结构就要用到小的圆口刀，比如眼窝、眼珠、鼻子两边凹下去的地方，都可以用小圆口刀挖。

细刻从眼睛开始。先把眼窝给挖出来，眼窝挖深了，看起来额头就很高。然后再利用平刀的斜面，这样斜着，横削过去，上下各一刀，眼睛轮廓（包括眼眶）大体就出来了，形状看起来像个鸡蛋。我们把两个面再分出来。上眼睑比较突出，而且线条让它比较"利"（锋利），下面削低了，形成这么一个大的斜面。注意它的表情是威武的。不同角色，比如关公和小生，他们结构不一样，比例也不一样。小生、小旦比较文雅一点。

眼睛刻好了，接着刻鼻子。关公的鼻子是拱桥鼻，这里（指鼻梁中央）凹下去，然后上面（指眉毛平行部分）拱起来，像个桥梁一样，所以叫拱桥鼻。所以我们在鼻梁这里横着刻一条线，然后沿着眉毛这样给它挖个斜面出来。还有，它整个鼻子比较肥厚，因为他是个武将嘛，很威武。小生、小旦的鼻子就比较秀挺，比较文雅一点。所以鼻子的部位要留够，不能刻没了。原来就是个三角形，现在把鼻翼给修出来，结构就出来了。（图19、20）

▶ 图19 修鼻翼，鼻子下面的梯形就是嘴巴的位置 2006年8月14日摄于竹初木偶艺术馆（下同）

用刀最基本的就是看木纹,要顺着它走,不能逆着它走,用刀手法是一样的,不一样的是方向。拿刀有什么讲究?你看,拿刀这样推,刀嘴(尖的那一头)向外,就会很顺,不然,一不小心,错刀就会伤到手。(图21)

像我这样垂直刻下去叫"切",切多深,心里要有数。像我刻了这么几十年,该用多少力(气)心里一清二楚,一刀下去,该多深就多深。这个除了经验的积累,还有一个是(雕刻的)这个人胆子大不大,如果犹犹豫豫,刻出的形就"糊糊"的(模糊不清,不明确)。所以平时我们教徒弟时,就让他们放开胆子,不能缩手缩脚的,即使刻坏了,一块木头才(值)多少钱?刻久了,他自然心里有数。当然,胆大还要心细,你不能乱切,要懂得吸取经验教训。

从上往下,鼻子刻好了轮到刻嘴巴,位置留住了就不怕它跑了。鼻子底下已经铲平了。刻嘴巴主要一个是抓住大轮廓,关公长着"弓"形嘴,弓箭的"弓",整个嘴巴像弓箭一样往上弯,嘴角朝下,很严肃的样子。嘴巴有点往前突,下巴往内收,这里形成一个窝。所以,我们先这么划两刀,确定一下嘴唇跟下巴分界的地方。然后把下巴凹槽给刻出来。嘴唇应该多宽?这里划两道线(从鼻翼往下沿着到脸颊两边走)就清楚了。瞧,像个梯形。嘴角两端挖条沟,往上推斜面就是脸颊了。嘴角比较深,我们换小的圆口刀给它挖出来。完了可以刻上下唇了,先刻一条(上下唇的)交界线,注意线条往上"弓",有学过画画的就知道线条怎么走。沿着唇线,左边一刀,右边一刀,削两个斜面,上唇就完成

▷ 图20 刻脸颊

▷ 图21 推刀

▷ 图22 用小圆口刀挖嘴角

▶ 图23 利用平刀的斜面刻嘴唇

了。一般一遍完成,结构看起来才漂亮。你要是一点点挖就很难做得干净、利落。下唇只有一个面,比较厚一点,这么一刀横着削过去就可以了。嘴巴的形状基本就是这样子,以后就不怎么要改了。(图22、23)

现在我们得把整个脸都修一遍,额头、脸颊这些部位面积比较大,修光一点。我用的是平刀,平刀刀痕小,修光滑了,我们把五官的轮廓给它再刻一刻,强调一下。

其实,我们现在做的还只是一个外轮廓,细节还没有深入进去。原来关公的脸比较瘦,现在我给它改大些,显得气魄比较大。(图24、25)

刻木偶要专心,俗话说"刀不长眼",初学的时候,手刻到是经常的事。以前我父亲教我刻木偶就说"刻刀先刻手"。看我抽屉(拉开抽屉),平时都放些创可贴、红药水、纱布之类的东西。

我为什么喜欢刻关公呢?就是他比较吉祥,人们都很敬重他,一般人家很喜欢把他放在家里,可以辟

▶ 图24、25 粗胚正、侧面

邪。还有我以前跟你说了,我刚学雕刻的时候,有一次刻到手,血把木偶头都染红了。我母亲心疼我,说我刻的是关公。所以我经常会想到这件事,也很喜欢刻关公。

5. 细刻

口述人:徐竹初
时　间:2006年8月14日下午
地　点:竹初木偶艺术馆

接下来就是细刻。细刻就是要慢慢来,把它的表情搞出来。等一下要把这些面部、五官、表情都搞出来。

额头这里我们叫做"蟹脐仔",就是说额头上的这个形,长得很像螃蟹的肚脐眼。眉毛本来是连在一起的,我们给它分开,这样"拱桥鼻"的形状就出来了。现在眉毛就这么拧起来,显得很威严,人们不是说关公是忠义的化身嘛。鼻翼这里再修一下,让它轮廓再明显一点,然后挖鼻孔,用小圆口刀挖两个窟窿就可以了。(图26)

开始挖眼睛了,先把眼睛上眼皮的轮廓划

> 图26 用小圆口刀挖鼻孔

出来,一刀不行再补一刀。然后再挖下眼皮,斜斜的这么几刀就出来了。眼睛的结构要处理得好看点,凤眼的尾巴(眼角)往上挑一点,看起来比较漂亮。平刀在这里就很好用,因为它的刀嘴是斜的,刚好刻斜面。上下眼睑刻好了,看起来就像是眼睑把眼球给包住。眼球这里也不是平的,中间有点凸出来,边挖掉一点,跟人一样。从平视的角度看,眼睛好

> 图27 刻眼睛

像是闭着的，对不对？我们做的木偶一般是用来表演的，观众一般是这样抬着头看它，所以眼睛要做得好像有点往下看的样子。此外，观众从侧面看木偶的机会也比较多，所以木偶侧面的轮廓线要明显一点，饱满一点，看起来才会漂亮。我们闽南的木偶比较饱满、比较立体，原因就在这里。（图27）

刀得磨一下了，有点钝了，磨快点，雕起来也顺手。

现在开始刻耳朵，耳朵的形状是长方形的，上面比下面薄一点，有点像"猪腰"，上面宽，下面窄。比人的耳朵夸张一点、简化一点。耳朵轮廓主要包括两个圈，一个是外圈，就是耳廓；一个是内圈，就是耳朵孔。做内圈先挖一个圆孔，这要用稍微小的圆刀来解决，耳洞不是这样卷进去的嘛，所以要挖一个斜面，一个旋涡形的斜面。耳朵要刻得有棱有角些，轮廓明显些，显得好看，待会儿抛光才不会轮廓都跑没了。（图28、29）

整个脸部刻得差不多了。因为关公长胡须嘛，所以我们要挖几个洞，才可以往上栽胡须。一共要挖五

▷ 图28 刻耳朵

▷ 图29 耳朵的结构

个洞，鼻底两端各挖一个，耳垂下面挖两个，最后在下巴中间挖一个。不同的角色挖的洞数不一样，像文丑这一行的，八字须，下巴是山羊胡子，只要挖三个洞，耳垂下就不用了。有些角色比较鲁莽，用胡须表现就是络腮胡子，我们就得从下巴刻一整条凹槽（沿着耳垂到下巴这条线），用锥子挖个半公分深的凹槽就可以了。

6. 修光

讲述人：徐竹初
时　间：2006年8月15日上午
地　点：竹初木偶艺术馆

修光就是用平刀这样轻轻地削一下削一下，然后用玻璃抛光，把表面的刻痕抛光。

我现在第一步就是用这种中型的刀把它修光、修细一点。像这种刀痕比较大的，不用刀不行。然后再用这个玻璃抛光，因为它比较轻，比较容易抛光。最后用砂纸。总共是小刀一道，玻璃一道，然后再砂纸一道，分三四个步骤。

修光不是削光滑就算了，它其实是对细刻的一种修补工作。比如额头这里，除了把它修光滑，还有一个是"整型"。怎么"整型"？有的地方鼓起来太多了，要注意把这个地方推平了。结构起伏哪里不对了，也要纠正一下，修到看起来舒服为止。特别是脸颊，我们雕刻的时候是大块面地走，不会注意到那么多，现在修的时候要不断地比较。（图30）

≫ 图30 修光 2006年8月15日摄于竹初木偶艺术馆（下同）

眼睛、鼻子、嘴巴这些部分基本上都是不修的，因为这些都是小角度，刻的时候基本是用轻刀刻的，一般没有大的刀痕，所以不要轻易去动它。

边修边看有没有对称。怎么看对不对称？我这样倒着看，再不行用刀横过去比一下，不就更清楚了？修的时候，第一步拿起来就要先看有没有对称，把它搞对称了，然后再小心地、慢慢地修光滑。你看看这两边有没有对称？你觉得它对称了，我觉得没有。怎么回事呢？你看它一边比较大，一边比较小，一边比较宽，一边比较窄，所以就要把它纠正过来。（图31）

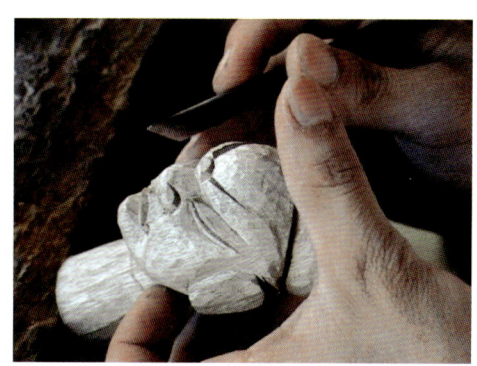
> 图31 倒着看对称

修到几乎看不见刀痕、结构，看着很舒服了为止。但刀毕竟是刀，它很锋利，怎么着都有一点痕迹。所以接着我们要用玻璃抛光。你看玻璃这么刮过去，第一个没有痕迹，第二个它比较硬嘛，等于是压过去，不平的地方也压平了。看木屑就知道了，用刀修的，木屑还是一片片的，用玻璃刮过去，就只剩下木屑了。（图32）

抛光同样是顺推，从高的往低的抛，就跟雕刻一样，你不能逆着纹理抛，要顺着木头的纤维。抛时（玻璃）正面贴着大面积地方，不能让玻璃边角那些锋利的地方伤到脸颊。抛完了，一些刻痕就没了，光滑了很多，但颗粒还是较粗，表面还有很多木屑，所以还得用砂纸细细地再抛几遍。用玻璃抛光，也是我这里才有的，而且我的木偶上完土之后，还要加上水磨。为什么要用水磨，等一下我告诉你。大面积的地方可以用玻璃抛光，细节地方就不行了，比如眼睛、嘴巴、耳朵，所以这里要用到砂纸。（图33）

我们先用粗的砂纸刷，型号大概是1.5号的砂纸打一遍，再用0号的砂纸细细打一遍。磨到什么程度呢？到不能见到刀痕为止，木纹没关系，上了色就看不见了。大面积的就顺着面部结构来刷，那些小面积的，边边角角凹

> 图32、33 用玻璃抛光

▶ 图34 粗砂纸打磨

下去的地方，像唇底、眼窝这些部位，可以将砂纸折起来，深入到凹槽内部，两面都可刷到，才不会漏掉一些地方。还有，比较有棱角的地方也要将它磨得稍微柔和一点，特别是耳朵这些轮廓，一般雕起来都比较"刻"（轮廓硬朗一些），适当柔和点，夸张中又带着写实。这样刷一遍大概也要十来分钟。（图34）

第二遍用比较细的砂纸，这样就会比较光滑，像一些毛毛的地方就可以去掉。方法跟前一步差不多。第二遍就比较快一些，稍微打过去，一些细小的颗粒就没了。一遍下来大约5分钟就可以了。眼皮这些部位有时也要用砂纸卷起来磨，但由于这些小地方都是用很小的刀很细心地刻出来的，所以基本避免再去碰它，省得万一将轮廓磨圆了，效果更不好。我们可以直接上土来修补轮廓。还有脖子，我们拿砂纸卷着它，顺着圈搓就可以了，又均匀又有效。（图35）

无论是雕刻还是打磨，都不是省力的活。看我们的手就知道了，比你们女孩子的

▶ 图35 细节地方把砂纸折起来磨

手粗，关节也比较大，都是这么磨炼出来的。

先用粗砂布抛一遍，然后再用细砂纸刷、刷、刷，让脸摸起来很光滑，整个脸部就凸出来了，不会像刚才那样有刀痕。无论是什么木头，只要是雕出来的东西都要经过这道工序，这样才比较好看，像这些比较精品的木偶都是这种做法。这种做法是很传统的，几十年几百年都是这么做的。

7．上土、裱纸

口述人：陈基林（徐竹初徒弟）
时间：2006年8月15日下午
地点：竹初木偶艺术馆

上土、裱纸的工序比雕刻还更麻烦，花的时间也更长，要有耐心，慢慢做，手工活不能贪图快，你没有一定的时间花费在里面就做不出精品。上土用的材料很多，也很特别，很多是我们这里才有的，牛皮胶、特制的土、纱布、绵纸等等。工具就更多了，等一下我一一演示给你看。

（1）熬胶

我们先熬胶，用牛皮胶熬。熬胶有什么用？我们要把土上上去，土里面就得调点胶，不然怎么能粘上去？土不都掉光了？这个牛皮胶黏性很大，是拿那种牛皮慢慢熬成的，做成一小块一小块，因为用量也不是很大，要用的时候拿一块加热融化了就可以了。（图36、37）

▶ 图36 牛皮胶

拿一块牛皮胶，放在火上熬成液体状。设备很简单，用什么都可以，我们用这个没用的（废弃的）罐头，火呢，就用电炉，烧得更快。胶熬多一点不要紧，用不完可以留着以后慢慢用，只要再加热一下就可以了。胶很"韧"，起码也得熬个10分钟~15分钟吧，才能完全融化。有没有闻到一股臭味，就是牛皮的味道，这才是真的牛皮胶。熬一会儿，底部就变黑了，很容易臭掉，得赶紧搅拌，不然熬焦了糊在底部也不行的。挺不容易熬的，

▶ 图37 熬胶

你看，还有这么一块，黏性很大。不能用别的胶，（别的胶）不够黏。这是最传统的，倒不是贵，就是工作量比较大。

等胶熬得差不多了，我们就得先烧点开水，用开水把胶调开。开水也不用很多，一点点就可以了。但一定要是滚烫的才行，这是传统的方法，老一辈的人告诉我的，如果不够烫就泡不开。所以这里在熬胶，那里就得准备好开水。等牛皮胶完全融化了，我们就开水滚滚[1]地给它倒进去，这样子出来的就是要和土的胶水了。接下来开始准备土。

（2）碾土

我们用的土很讲究。最好的土是金门的黄土。现在买不到了，就只好用金门的对面就是厦门同安那里的土代替。金门的土比较黄，这是同安那里的土，比较白一些，其实它湿的时候也是黄色的，现在晒干了变成一块块的。一袋土可以用很久的，用完了我们就托人带一袋过来。（图38）

▶ 图38 锤土

拿块土放到石臼内，先这样锤、锤、锤，把它捣碎了。土一定要弄成那种很均匀的粉末，直接用力锤不行，得碾。手握石杵的头部（这样力气会使在点上）沿石臼内圈碾过去，一圈圈碾过去，又均匀，土又压得细。有些粉末粘在底部和石杵上，要把它们刮下来，放进去一起碾，才能彻底均匀，也不会浪费。（图39）

（3）调胶

土碾得差不多了。将熬好的胶慢慢倒一点进去，不能贪快，得边搅拌，不能停。第一是太快了拌不匀，胶比较热，一下放太多容易结成块，搅不开；第二是要控制好胶水的用量，不能太多，不能太少，太少了不黏，量多量少主要凭经验。调着调着，土看起来慢慢就变少了，糊糊的，很黏的样子。（图40）

现在要加水稀释一下，当然不能一下加太多，调不匀，得一遍遍加。先加少点，调成泥状，慢慢调匀了。还像刚才那样（拿石杵）碾，因为石臼内部还有一些沉淀，不能

▶ 图39 碾土

▶ 图40 调水后的土

急。再加水，拌成稀糊，搅拌好了，最后多加些水，就很稀了。

　　这些看起来很均匀，其实还很不够，我们再给它过滤一下。用我们吃饭用的碗，铺上一块干净的白纱布，孔不能太大的。将泥水倒进去过滤一下。那些杂质、沙土过滤掉以后，底下的那部分就是我们要的。待会儿，你就可以看到它凝固了，就会变成豆花（豆腐花）的样子。（图41、42）

▶ 图41 过滤

▶ 图42 制作完成的土看起来像一碗"豆腐花"

（4）上土（重胶）

　　搞好以后才来上土，要二三十遍了。一遍一遍薄薄的上，上好以后呢，还要"水磨"。上土时手不能直接拿着木偶头，不然等一下就会留下很多手印，土上得很不均匀。所以我们一般都会弄个圆棍子（直径跟头颈差不多）套在头颈上。现在可以拿毛笔蘸着刷了，毛笔最好是那种兔毫的，比较软，像这样的大白云也可以，每个角落都可以刷得到。刷完第一遍，要放着晾干才能刷第二遍。（图43）自然阴干最好了，但那样起码得要5分钟，为了缩短工序，我们把它拿在火上（电炉）烤干，这

▶ 图43 上土

样烤差不多20秒就干了。你看，插根棍子，手也不会烫到。这样转着圈烤，跟烤羊肉串一样，省得有一面烤糊了，一定要全部烤干了。但这样用火烤比较不好，木头比较容易裂，自然干就比较牢固。所以以前的木偶头用几十年、上百年都还好好的。现在那些粗品木偶，颜料就很容易裂开。（图44）

如果让它自然阴干的话，一个木偶光上土就要用掉一整天，很浪费时间的。传统做法是几个一起做。上完第一个放着晾，接着上第二个，等第五个上完第一遍，第一个也干得差不多了，就可以接着上第二个，这样就不浪费时间了。其实，从最初开始劈木头，到最后完成，最快也要两三天时间吧。很不容易做。

最初上的这几遍是重胶（胶水分量比较多的土），以后还得上好多遍轻胶（胶水含量比较少的土）。轻胶还是刚才那碗调好的泥，里面再调水进去。为什么不一遍厚厚地盖上去呢？主要是这样土上去后，很容易裂开。那我们用这样稀稀的（水分很多的）、胶质很重的上去，它就会牢牢地粘在木偶头上。

▶ 图44 烤火

（5）裱纸

重胶上完两遍，我们得先给它裱纸，然后再接着上（土）。

看这种纸，是一种绵纸。绵纸很讲究，什么讲究呢？要选薄一点的，薄一点的话，细部才粘得进去。基本上这些工具材料都是自制的。那么为什么要裱纸呢？第一，裱纸可以盖住上的那些土，使它不容易掉。第二，它好像渔网一样，木头被渔网包着，被保护着，比较不容易裂开。还有另一个作用，就是木偶用久了，要翻新，翻新的话就要把它泡在水里，这层绵纸也不怎么会去掉，这样就可以保护里面的木头，翻新几次都不怕。一个木偶就可以用很久了。（图45）

▶ 图45 绵纸

裱纸还有什么讲究呢？第一是我们要将它撕开，撕成这么大大小小一片片，方形的，然后把它粘上去。大片的用在面积大一点的地方，小片的用在眼睛等凹凸比较厉害的地方。一定要把它撕开，不能用剪刀剪。用手撕开的它有很多纤维，边都是毛毛的，比较薄，才好衔接。当然不能衔接太多，尽量一层就好。这道工序很讨厌（麻烦），特别是夏天。为什么？因为这纸太薄了，一不小心就被风吹跑了，夏天这么热，不能开风扇，实在是受不了。（图46）

» 图46 撕纸

纸撕好了，开始往上裱。先在要裱纸的地方刷层胶，然后同样用这根毛笔蘸点胶，在纸上轻轻点一下，你看，它就粘在毛笔上了，我们把它放到要裱的位置，全面刷开，刷平了，不能让它皱起来。一般是刷一层，裱一层，不能把整个脑袋都刷完胶了再往上裱纸，因为胶干得很快，干了就粘不住了。细部地方要稍微压着点，不然就浮在表面，特别是凹下去的那些地方。这个过程大概要5分钟左右吧。（图47）

» 图47 裱纸

纸裱完了要放着晾干。我们把它用火烤一烤比较快。绵纸很湿，还是得多烤一会儿。（边烤火）我听说泉州有些人用的不是绵纸，用的是一种很薄的绸布，看来各家有各家的做法。

烤干了还不算完成，我们得将一些结构线条比较突出的、刻过的地方（如眉线、唇线、眼睑、眉毛、额头、鼻翼、鼻孔等地方）把它破开[2]。因为这些地方棱角分明，水干了，这里的纸就浮到上面，所以要把它破开了压下去。你看，眼睛这个部位，不这样破开，眼珠都被填平了。破开的部位会露出毛毛的边，

我们得再粘点胶把它压回去。（图48、49）

▷ 图48 刻轮廓线

▷ 图49 烤火

最后，还得再这么刮一遍。在棒上蘸点胶，这样刮过去，绵纸衔接的地方，就是那些叠在一起的地方，尤其要刮平了，不然表面会坑坑洼洼的，很难看，再上土也填不平。让它跟结构贴得最紧，这样看起来就会比较光滑一点。其实我们已经忘记了刚才绵纸在哪里衔接，所以等于是重新再整体刮一遍，刮平了。你看，刮出来的这些毛，都是些杂毛，把它去掉了，表面看起来就很光滑了。用手摸摸，平整了才行。刮的时候，为什么要蘸点胶呢？主要是把它软化了，不然纸都硬掉了。裱纸的过程基本上就是这样，用的时间是挺长的，传统工序就是这么讲究。而且这种绵纸现在已经没有了，这些是师傅以前存下来的。用完了只好找别的材料代替。（图50）

（6）上土（重胶、轻胶）

裱完纸再往上刷胶（土），刷完了晾干，再刷，再晾干，反正这样一遍遍，连同刚才的两遍，传统的大概要二三十遍。

刷到第十遍后，用的毛笔也小一些，刚才用的是1.5号的，现在用的是0号的，小一些，更容易深入一些，小凹凸的地方也能刷得到。

别看这水（土）看起来稀稀的，上多遍之后就很厚了，看起来像涂了一层麦芽糖（颜色呈现深赭色）。刚才上了这

▷ 图50 裱纸完成

么多遍都是重胶的,我们还得再上好几遍轻胶的。轻胶可以少上几遍,一般上五遍就可以了。上轻胶是因为这样看起来表面会比较光滑、比较均匀。

上完土,让它自然风干好了,这样会干得比较均匀,用电炉烤的话,一些角落的地方很容易起泡,起泡了就不好做。起泡,就是一些小地方,像眼睛这里积水比较多,用电炉烤过去,受热不均匀就会起泡了。干脆让它自然干,也挺快的。

图 51 上完土后的木偶造型看起来比较愣

等到它干了,你就会发现,现在木偶头显得圆头圆脑的,很没神气,主要是上完土,轮廓看起来不是很清楚,线条有些含糊。所以现在要把轮廓廓清了,把一些细部廓清,把结构线的地方全部挑出来。(图51)

(7)水磨

土上完后,我刚才讲了还得要"水磨"。"水磨",按照过去的说法是用一种"砂鱼"(音译)的软皮来打磨,一种小小的鱼,皮带砂的。那现在呢,因为很难买到,所以只能用水砂纸来代替,水砂纸不怕水,可以蘸着水磨。为什么要磨呢?要磨哪一道呢?主要是要让它的面部比较平均,比较光滑。把比较高的地方磨下去,把比较低的地方填平,主要是这个作用。(图52、53)

图 52 水磨

图 53 上土完成后的木偶

泉州好像也有道工序，也是用鱼皮。[3]现在用水砂纸磨，跟那个道理是一样的。
细细地磨一遍，脸和脖子都要磨到。等它干了，我们再来。
（第二天即 2006 年 8 月 16 日早上接着做。）

8．补土

讲述人：黄燕玲（徐竹初的徒弟）
时　间：2006 年 8 月 16 日上午
地　点：竹初木偶艺术馆

补土其实也是把结构再弄得更清楚些。就像我们的艺术品一样，刚才只是模样出来了，现在要把它反复修改、精雕细刻。补土要好几遍，反复补到满意为止，所以起码也要一天的时间吧。我们做的是精品，所以等干了以后，如果发现不满意的地方，就会再来补一遍。土还是昨天用的那些，现在干掉了，挑一点再搅拌一下就够了，因为天气比较热，很容易干，所以时不时要加点水搅拌一下，冬天就不必了。

补之前先把一些轮廓线刻出来。你看，像眼睛、耳朵、嘴巴、下巴线这些凹下去的地方，以前上的土很容易堆积在里面，所以我们先把它（轮廓线用细的平刀）刻出来。（图 54）

▶ 图 54　刻出轮廓线　2006 年 8 月 16 日摄于竹初木偶艺术馆（下同）

补土有什么讲究呢？其实，它要求也蛮高的。补土的人对结构要很清楚，要把轮廓交代清楚，该收的地方要收；力度也要把握得好，不然一使劲，马上就刻坏了，所以刀不能太锋利。刀如果不是很锋利的话，万一不小心滑刀了，还是可以补救的。

接下来，我们先从耳朵开始补起，才慢慢地补到五官、眉毛这边。从眉毛、眼睛、鼻子这边，到嘴巴、下巴这样子。现在用的这个工具是自己削的竹签，头让它尖一点。土给它再搅拌搅拌，刚放久了，外面有点干了。

耳朵这个地方，主要是外圈的这个斜面，和内耳旋涡形的这个结构，结构要交代得很清楚。它跟我们真人的耳朵不一样，它更夸张、更概括。你看，这个外圈内部有点坑坑洼洼，土堆积在那里，我先要把多余的这些土刮掉，注意刮出斜面啊。刮其实没办法很平整，最重要的还是补土，补上一层才能真正平整。所以我们现在要挑点土压进去，根据结构抹平来。补到什么程度呢？就是看起来要顺，这跟我们抹墙壁是一样的，平、匀，当然了，还要对称。特别是五官，要反复看，不然两边会高低不平。（图55）

▶ 图55 补耳朵

耳朵是最基础的，但也要反复练习才能掌握它的结构。耳朵主要靠补，用的土也相对多一点。第一遍补好了，现在看起来挺均匀的，不过待会儿土干了，你就可以看到一些地方还是偏粗糙，那时就得再来一遍。（图56）

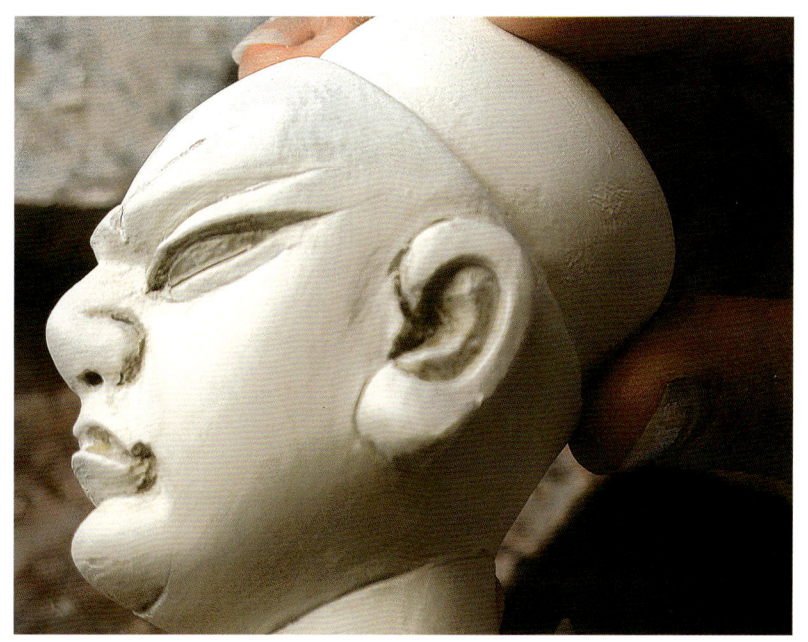

▶ 图56 补好了的耳朵

现在开始补五官。五官现在看起来还不错，可是我们抹点水后，一些有缺陷的地方就出现了——刚才我们为什么要水磨也是这个道理。还有光线问题，放在亮光地方好好观察，也可以发现很多缺陷。

补眼睛时，上眼睑不是平的，要把它的弧度补出来。最难的还是眼球这个地方，眼球靠近上眼睑的地方比靠近下眼睑的地方略高，然后中间像人的眼球一样，要鼓起来。要补成这个样子也要学习好一段时间。补土要有耐心，补久了，眼睛会很累。有时候也会很不耐烦。（图57）

▶ 图 57 补眼睛

补额头、脸颊这些大块（面积）的地方尤其要注意对称。那些小部位轮廓分明，有依据，可是这些大的部位就完全靠你对它的形的把握了，可能高一点，也可能低一点，关键是对称，最好是集中补完了一边，另一边就要参照补好的那一边来做。如果雕刻的时候本身两边就有些差异的话，那这时候补土就非常重要了。

怎么看对称呢？其实跟雕刻时一样。比如我们想看脸颊有没有对称，我们就把它倒过来，从脑袋上方往下看，只能看到鼻尖和脸颊。这样子，哪边高哪边低一看就出来了。所以观察方法很重要，要做到完美，就要善于总结经验。（图58）

▶ 图 58 补土完成

整体来说，给小旦补土比较难。为什么呢？因为整体来看，小旦的（脸）就只有眼睛等这几个地方比较突出，别的地方就要补得非常的平、非常匀称，角度也要比其他的更细心一点，稍微差点就不对称。眼角、眼尾啊，就是比较细。这跟雕刻一个道理，你往往看起来越简单的就越不容易。画画也一样，就眉毛、嘴巴这么点地方，又非常细，都展现在你的面前，画得不好，一下子就让人看出来了。像关公、北仔、鬼怪这些有这么多的复杂的结构，轮廓分明，比较好表现。这好比你们画画，外国人轮廓分明就比较好画，我们中国人就比较难画。你说是不是啊？[4]

接着补第二遍，眼睛要让它突出一点，眼窝要让它深一点，过渡要慢慢渐变，人物看起来才有立体感。这些都是自己总结出来的，刚开始我也不懂，听老师讲眼球要怎么立体，要怎么鼓起来，什么"包子形"，刚开始就是听不懂，补来补去都是没有凹出来，后来就是将好的作品拿出来在亮光下慢慢看，慢慢想，然后才悟出它的道理：就是两个眼睑的距离要比较短，中间突起的地方要有过渡，眼睛才显得很有神采。补到这样就差不多可以了，等干了再来一遍。基本上我们都要反复观察，重复好几次，直到满意为止。一个关公补下来最快也要一天，像这种活动头，就不止一天了。它不是一遍就可以的，得反复看，哪里不够的就得继续补，一直到满意为止。常常要补两三遍。（图59）

▶ 图59 补第二遍

补完了，土是湿的，小心别碰到了。其实我们在补的时候肯定得用手拿着，补好的地方就不能再碰着了，所以我们补的时候尽量先补一边，再补另一边。等另一边补好了，又可以倒过来补刚才那边了。补的顺序可以从上到下，也可以从下到上，主要看个人习惯。我比较喜欢从内到外，先把比较难的地方补好了，再补其他地方，难的地方集中在五官这里，把五官补完了再补脸庞、脖子、后脑勺这些开阔的地方。但无论怎样，都是要左右岔开补。

这样子学（补土）一两个月是学不来的，必须经过长时间的实践练习。怎么入门？一般是先学怎么拿这个工具（竹签），要学习控制它的力度，刚开始不会拿的时候就会感觉好像很别扭、很重的样子，手要学会放松一点，能让它旋转360度；然后慢慢的要学会能根据结构自如地控制它的方向、速度，怎么填土。比方说刚学的时候，很多学生这么磨、磨、磨，就把原来填上去的土又磨出来了。要把土压上去，直接抹出它的角度，刚开始很难抹出角度。这些都是要经过长期的锻炼，如果是刚学的，补出来的就只能是普通品。

除了补土，还有另一种方法，就是补木屑。但它应用得很少，只有在一些细节的地方用。补什么木屑呢？不是随便木屑都可以拿来补的，这种木头叫什么名字我不知道，它的特点就是木头本身就带有黏性，所以你看,把这种木屑加点水,直接就可以往木偶头上补了。这跟补土是一样的道理,就是把坑坑洼洼的地方补好来。补木屑用在做模具时最好了。

慢工出细活。做这些,一般男孩子经常坐不住,没有耐性,所以很多工序要女孩子来做,她们一个是比较细心,一个是比较有耐性,要经过一段比较长的训练。

9. 上色

口述人:徐竹初
时　间:2006年8月16日上午
地　点:竹初木偶艺术馆

上色要上得均匀起码要二三十遍。现在很多人改用喷枪喷,五遍就会很均匀了。用手工上色的话看起来很厚,并不一定很好看,喷的话看起来比较好看,因为喷得比较均匀,比较薄一些。但是它不如传统的耐用,颜料很容易裂开。

传统的颜料是矿物质颜料,有些是粉末状的,有些是加了胶做成一小块一小块的。如果是粉末状的颜料就要经过研磨,过滤后加入牛皮胶调均匀了才能用。一般粉末状的颜料里面会有些杂质,过滤后才能用。现在大家普遍用的都是那种一盒盒的像牙膏一样的国画原料,这种颜料到底是什么材料做的我们也不是很清楚,纯不纯也很难说。我还是坚持用我们传统的颜料,但是现在这种原料几乎都没有了,馆里还剩下一点。颜料不好买,得上药店买去,像这种朱砂,药店就有卖。(图60)

我们用的这种块状颜料,纯度很高,用之前要先用水泡开,开水要滚滚地泡下去,为什么呢?我刚才讲过它加了胶的,胶得用开水才泡得开。泡多少?颜料和水的比例多少?这些都是凭我们的经验来,一般放个一两块,用茶杯泡小半杯就可以了。

颜料泡开了,里面还要调一种叫做铅粉的东西。铅粉,就是这种白色的粉末,做铁的那种铅,咱们体育运动用的那种铅(球)吧,跟那种提炼出来的一样,反正挺重的就是了。两种颜

▶ 图60 块状的传统矿物质颜料

料调好了还要用纱布再过滤一下，颜料本身没有问题，是这个铅粉里会有些杂质，它在提炼的过程中肯定掺进一些杂质。（图61）

上颜色的笔跟上土用的笔一样，都是要比较软的，像我用的这种兔毫。但是笔肯定不能混用，上土的就是上土的，它已经适应了上土，你就不要再拿来上色；上颜色的就用固定那一根，不同颜色也不能混用，不然颜色就花了。上颜色的笔主要分大、中、小这三种，大的主要用来刷底色，中的就用在一些较大面积的纹样上，因为一些花脸角色脸上不是有花纹吗？至于小的这种勾线笔，用来画眉毛、小花纹等细节，越细就越难画，所有木偶中最难画的就是小生、小旦的眉毛了，初学者往往画不好。（图62）

木偶的底色主要有这几种：红色（关公用的红色）、黑色（北行、包公等）、白色（大部分木偶角色用白色）、肉色（小生、小旦等），肉色是用这种少量的朱红调多一点的铅粉，调出来的这种粉红色调，就是肉色。

（1）刷底色

刷底色有一个原则，第一遍直刷，第二遍要横刷。为什么要这样一遍直刷一遍横刷呢？因为如果我第一遍直刷，第二遍还是直刷的话，就会把刚才刷的颜料给扫下来了。刷完一遍就放着让它晾干，很快就干了。待会儿再刷第二遍，这样交叉着要刷好多遍。（图63）

现在天气还可以（比较热），如果是冬天的话，为了加快速度，我们一般会用火来把它烤一下。但不能靠火太近，不然颜色层很容易裂开。

上底色就是用笔蘸颜料大片面积地扫过去，笔尾像把扇子这样刷过去，面积很大，一般横着刷过去只要三下就差不

图61 铅粉

图62 上色的笔有大、中、小三种

图63 刷底色

多了,最多四下,记住,一定不能回笔,因为我们颜料里调了铅粉,回笔就把刚才的颜料又吃起来了。能不能均匀,就靠这工夫了。

笔用久了,它的毛自然而然就散开了,你看,不蘸水也是扇形的。我们挑笔也有讲究,第一个是挑毛比较软的,我刚讲了,兔毫的就不错;另一点很重要,就是不容易掉毛的。上色的时候最怕掉毛了,这毛一掉,就留一道痕,很难看。

传统的底色要做得好,起码要十几遍。

(2)开脸

底色刷完了就可以开脸了。什么是开脸呢?就是画大花脸。我们做的这个(关公)用红色刷脸,戴帽子的这边不要刷,等下要刷黑色。因为这里很黑,我们用一得阁的墨汁直接刷上去就行了。但我们把他放到最后再画,为什么呢?我们的手得这么托着偶头才能画,要是把黑的一画不小心沾到手上去,印到脸上,那关公就成大花脸了。而且这个部位我们可以拿来试笔,什么是试笔?你看,我们现在要画的是细节,所以用这种小笔,它不像刚才的大笔,它笔头是尖的,有时一笔画下去,笔头就开岔了,我们就可以在这边先试试笔,几乎每画一笔都要先试试。

关公不用画花脸,但是要把眉毛等一些部位画出来。所有的小生、小旦,还是别的角色,都是先把他的眼白画出来,用浓一点的白色颜料画上去,一两遍就可以了。接着画他的眉毛,他眉毛叫做大刀眉,形状像把大刀,因为他很威武嘛。眉毛怎么画呢?其实跟你们画画是一样的,都要讲究层次,有虚有实,有浓有淡,这样看起来比较立体。特别是我们做精品的。(图64)

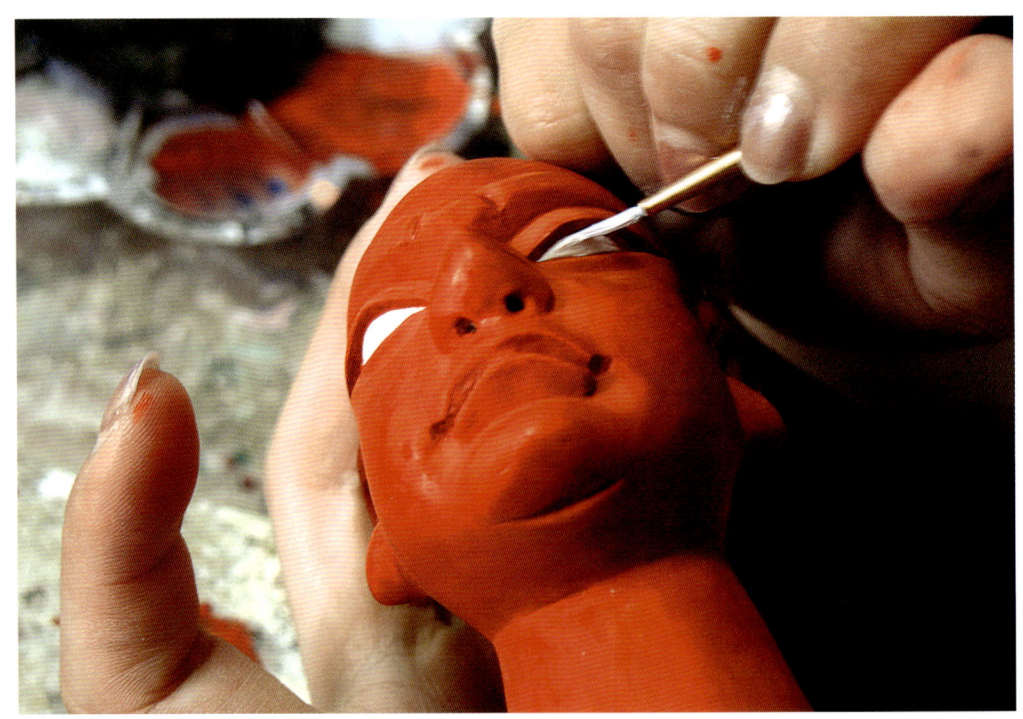

▶ 图64 画眼白

就说这个大刀眉吧,我们先用轻(淡)一点的墨画底层,就是一得阁的墨汁加点水,墨色浅一点,这样勾出它的外形,然后再整个填黑。他眉头之间的这三道也要勾起来。勾画的顺序也跟上大片色一样,要从一边上起,一边上完了上另一边。主要勾画这几个地方:眉头、眉毛、眼线、眼角的皱纹、鼻孔、鼻窝、胡须。这第一遍都是淡墨,等干了再上一遍浓墨。勾线的位置一般都有依据,一般顺着结构线勾就没错了。比如上眼睑、下眼睑,本来轮廓就很清楚了,沿着它走就可以了。(图65)

▶ 图65 用淡墨勾第一遍

第二遍是在原来淡墨的基础上用浓墨走一遍。但不是把原来的全盖掉,范围要缩小一些。就好比画这个眉毛,原来是平涂的外形,现在我们画第二遍就要有所变化。因为眉毛是一根根的嘛,所以眉头这边虽然也平涂,但尾巴这里我们就画成一根根的,留出部分底色,这样看起来不就有两个层次了吗?所以这个就叫做"粗中有细"。可能不认真观察,还看不出来。我们有句古语说:外行看热闹,内行看门道。这个木偶看起来顺不顺,其实跟这些细节的地方有很大关系。内行人一看就知道这个木偶做得好不好。眼珠子画得椭圆一点,如果太圆就显得很凶,关公他本来就不是很凶的。最后把戴帽盔这个部位涂上墨汁,脸就全部画好了。因为木偶已经做得差不多了,我们手也不是很干净,所以以后要拿的时候最好用块干净的白布托着。(图66)

如果是上大花脸就比较麻烦了,有的脸谱很复杂,好几个颜色搭配起

▶ 图66 用浓墨勾第二遍,"头戴"部位留白,可以试笔

113

来，费的工夫又更久了。但无论一个脸谱里面有多少种色彩，我们只要遵循一个原则就不会乱了。什么原则呢？就是"先大后小、粗中带细"。"先大后小"很好理解，就是先上大片的面积，再勾小的纹样，一层层往里深入；"粗中带细"我刚才讲过了，就是一片颜色里要有深浅变化，要有过渡，在红里加白颜料，远看是一块红色，近看则有渐变。（图67）

（3）画脸谱

我画的脸谱样式有几百种，很多都是我自创的，也有参考京剧面谱的，也有看了一些民间佛像的面谱。以前我谈到过我们漳州东门外有一个东岳庙，里面有很多的鬼神，我现在雕刻的一些木偶面谱就是从那里学来的；还有，现在有非常多的画报、画册，

图67 上色完成

电视整天都在播，我平时也经常留心这些，特别注意人的表情，也看看别人的木偶怎么雕的？有什么不一样？人家做得好看，我们就要吸收。还有，我特别喜欢看越剧，里面的扮相特别好看。京剧主要是吸收它的脸谱，但不是人家怎么画，我就怎么画。对别人东西只能吸收、参考，不能全盘照抄。（图68）

木偶的色彩有什么讲究？一般是这样子，因为木偶小，它出台的时候为了底下的观众能够识别人物，所以一般在原则上都喜欢把它区别开一点，在同一舞台上人们才容易把它区分出来。还有一点是按那个性格来划分，传统的怎么划分，我们就怎么做。古语说"红忠、黑刚、白奸"，意思是说在颜色的搭配上，一般通常是：像黑的花脸，演比较草包、粗放的；红的颜色演比较正气的，比较忠义的，比较讲义气的；那绿色的主要演比较阴险、狡猾，比较粗野之类，所以绿色一般都是用在番将上；那白色的一般都是用在那些比较奸诈的人物身上，所以画白色的（人物）一般都比较不好，奸臣用白色；还有，因为木偶比较小，所以画花脸讲究粗中有细。比如画黑色，大片的面积画黑色，为了让木偶更加精致、更加美观，在上面要

▶ 图68 绿大番将

▶ 图69 番兵

加一些比较小的花纹。特别是在主色上，比如说黄色上面，要加画一些白色、红色。这就是我刚才讲的粗中有细，比较有变化。（图69）

　　木偶包括雕刻，包括画脸谱，它都有很多程式性的东西在里面。比如，画颜色，上什么底色很讲究的。我画的脸谱最主要的特色是装饰性很强。我主要是将几种脸谱的纹样、花式综合起来。画脸谱最讲究的一点就是要对称，还有要优美一点，在颜色上有一种强烈的对比。如红、白、蓝放在一起对比就很强烈，但画到细节时颜色要有过渡的关系。远看是整体，近看又有细节，这就增加了木偶本身的工艺性和美感。（图70）

》图 70 花脸

10. 打蜡

口述人：徐竹初
时　间：2006 年 8 月 16 日下午
地　点：竹初木偶艺术馆

上完颜色，现在木偶看起来有点"索索"的[5]，所以传统的木偶还要上层蜡，看起来就很新了。现在木偶用喷漆手法，又快又均匀，而且也不上蜡。为什么呢？因为以前唱戏的是在晚上比较多，晚上用什么照明呢，以前哪有电灯，一般就用土油灯（煤油灯），光线黄黄的，很暗，所以木偶加蜡，看起来很漂亮，新锵锵（很新），很吸引人。现代木偶唱戏都用灯光，那就很亮了，（木偶）一打上蜡，就反光得很厉害，晃眼睛，看了难受，所以我们就改革，不打蜡。（图 71）

▶ 图 71　上色用的刷子和白蜡

传统木偶怎么上蜡呢？蜡就是普通的那种白蜡，我把它固定在这个木板上[6]，用这把刷子来上蜡。刷子的毛不能太硬，不能用刷鞋子的那种，不然会损伤木偶，我现在用的是用来刷大衣灰尘的那种。先在蜡上这么来回刷几下，蜡不就沾到刷子上了吗？然后往木偶脸上也是这么来回地刷一两遍。利落点，不能刷太多遍，毕竟这毛（刷子上的毛）不能跟毛笔比，还是有点硬度的，刷多了也会伤到脸。而且这力度也要控制一下，太轻太重都不好。各个角落都要刷到。（图 72）

▶ 图 72　上蜡后的木偶看起来很有光泽

11. 栽胡须

讲述人：徐竹初
时　间：2006年8月15日下午
地　点：竹初木偶艺术馆

木偶的胡须有好多种，有真人头发，有牦牛的毛，有尼龙的，也有人造仿真的，具体成分我也不懂，白胡须也可以用蚕丝来做。这些市场上都有的买，倒是真人头发很难买到，也不是没有，就是不够长。以前无论男的女的都喜欢留长辫子，一剪就是很长的一截。现在小姑娘喜欢剪短发、烫头发，一般到理发店都很难买到足够长的头发。不过也没关系，现在科学技术这么发达，仿真的头发看起来跟真的也差不多，所以我们一般用这种就可以了。

这种材料一般论斤卖，多少钱我忘记了。仿真头发挺长的，你要多长就自己剪。不过你注意到没有，一般木偶的胡须都是"虬虬"（曲卷）的，所以事先我们都要弄好来。那怎么把它弄成虬虬的呢？我们先把它编成辫子，那种麻花辫，用红头绳扎好固定了。然后放到水里面煮，或放在蒸笼里面蒸久一点也可以，蒸好了放着晾干。要用的时候拆开，它就虬虬了。这些小辫子一般叫女孩子编，因为她们的手比较小，像我们男的手这么大，编起来很吃力。我们不可能做一个木偶头就煮一次，所以一般一煮就是很多，放着慢慢用。（图73）

▷ 图73　把毛发编成小辫子

用锥子把辫子挑开。一散开，你就可以看到它就是虬虬的。用梳子稍微梳理一下，梳整齐点，把一些杂毛弄掉。（图74）

胡须主要是用白乳胶固定，所以我们现在蘸点胶（用金属棒）放到窟窿里。准备好的胡须这么对折一下，头用细铜丝先固定一下，把它往窟窿里塞进去，固定住就可以了。五个胡须都固定住后，我们尽量把胡须摊开，让它看起来饱满一

▷ 图74　松开后毛发就是弯曲的

些。也可以用梳子稍微梳理一下。这样，一个关公木偶基本做好了。（图75）

有些木偶胡须长得不一样，比如这个龇嘴獠牙的，要给他安络腮胡子，就不能像刚才那样一个个装，要整排装过去。怎么装呢？从耳朵到下巴这里有一条凹槽，我们刻粗胚时就刻好的，胡须就栽在这里。我们拿点绵纸，裱纸用的那种绵纸，搓成长条绳子。要多长呢？起码比这条线长一点，当然也不能太粗了。接下来还是先往凹槽里填些白乳胶。绵纸一端栽到凹槽

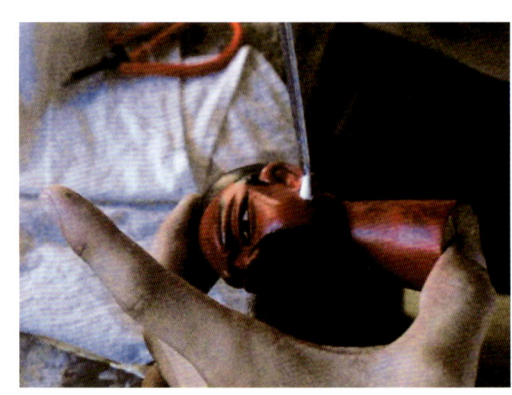

▶ 图75 栽胡须

▶ 图76 胡须栽好了

边上，固定住了。然后把胡须对折了（两头一样长）挂到绵纸上。胡须用的还是蛮多的，太薄了会很难看。我们开始边把绵纸压到凹槽里面去，边压边拨，给头发做些调整，让头发均匀分布在绵纸上，弄得差不多了，我们把绵纸这样按压进去，要压紧，头尾多余的绵纸剪掉就可以了。这样我们就用绵纸把胡须给压到凹槽内了。如果压不紧，怎么办？我们可以把绵纸剪长一些，把它倒回来，再压一遍，这样就非常紧了，再加上我们刚才还用了白乳胶，应该算是很牢固了。（图76）

栽好胡须，这个木偶头就基本完成了，就还差给它装上手脚、戴上帽子、穿衣服了。

如果是旦角类的，那就得给她盘头，各种各样的发型，非常麻烦。这些以前是我老婆在做，后来我女儿也帮忙做，她会做很多种（发型），但是现在她身体不好，一般的发型我就叫我的徒弟黄燕玲做，这方面女孩子比较细心，坐得住，比男的做得好。

12. 梳头（以武旦为例）

口述人：黄燕玲（徐竹初的徒弟）
时　间：2006年8月14日
地　点：竹初木偶艺术馆

木偶的发型都由我们自己设计。粘头发的是用黄胶（牛皮胶），因为它黏性比较强，而粘小的头发（像贴片子）时则是用白乳胶，黏性不必太大。工具也要用到很多，除了胶水，还有绵纸、大头针、细铜线、剪刀、金属棒这些也要用到。

（1）栽头发

刻小旦这类角色时都会在额际到耳边这个位置刻一条长长的凹槽，用于栽头发。怎么栽头发呢？先撕一长条绵纸，长度应大于凹槽长度的两倍，然后用手这么搓搓搓，搓成一条绳子。为什么用绵纸呢？因为绵纸本身比较柔软，比较容易塞进去。韧性又好，不容易断，一般的纸太脆、太硬了。而且它是纸质的，很容易吸水，不像别的绳子，不吸水，胶粘不上去。（图77）

▷ 图77 绵线 2006年8月14日摄于竹初木偶艺术馆（下同）

头发材料也要先准备好，头发就是做假发套的那种材料，你摸摸看，质地跟真人头发挺接近的。这种头发我们都是整捆整捆地买，要多长了就剪多长，才不会浪费。根据不同的发型，从这一整捆抽出适量"头发"，由于"头发"很细，抽的过程中头发很容易散开乱掉，所以抽出的我们要用的这一缕，要用梳子细细地梳整齐了，理顺了，然后把头尾剪整齐来。头发长度看角色需要而定，如果是小旦就要比较长，如果是武旦就不必那么长，但量要多一点。（图78）

▶ 图78 头发均匀铺开

我们往凹槽里填些白乳胶进去。为什么用白乳胶呢？因为白乳胶比较稀，绵纸容易吸收，这是师傅平时教我们的。接着拿刚才我们搓好的绵线从一端开始压入凹槽，压一圈过去，要留点边，而且不能太细，太细的话就不能很好固定，不小心一拉就出来了。完了把头发贴着脑袋这么均匀铺开，以凹槽为中界线，前面比后面长一点，因为它前面的头发待会儿还要往后面折嘛。铺得差不多了，绵纸反向折回来，贴着头发，等于两根绵线夹着头发。然后还是用这根细棒将头发再细细地挑一遍，直到分布很均匀了为止（可将后脑全部遮住），将头发和绵线一齐压入凹槽，压实了，再填上白乳胶，加固一遍。头发固定住后，将多余的绵线剪掉，前面的头发往后梳。这样就等于覆盖了双层头发，看起来就比较浓密，而且额际线看起来也比较自然。完了之后，要把头发再仔细地梳理一遍。（图79、80）

▶ 图79 头发压入凹槽

▶ 图80 头发全部往后梳

（2）做"尪仔对"

将它放着晾干要一段时间。因为我们做的是武旦的发型，得贴一些螺旋形的片子，本地话叫做"尪仔对"[7]，所以现在我们就趁这段时间做"尪仔对"和鬓角。"尪仔对"还是用这种材料做的，抽少量就够了，把它梳理整齐了，剪成一小段一小段，一共有七个"尪仔对"，就剪七段，用胶水打湿了，要湿透了，拗成小水滴形，（用金属棒）这么刮过去，把它压平了。最后剪两个"刀"形的，有些弧度的鬓角，一起放在玻璃上晾干。过程虽简单，但由于"尪仔对"很小，所以很麻烦。往往看起来简单的东西其实更难做，像这么小的东西就不好做。（图81、82）

▶ 图81、82 做"尪仔对"

（3）盘头发

可以开始盘发型了。盘发型也是有门道的，得先在后脑勺（靠近脖颈的中点）扎一根大头针。将头发分成三部分，头顶一部分，耳朵两边各一缕。先将耳朵旁边的头发用白乳胶打湿了，拿细棒刮过去，使点劲，让它服服帖帖地粘在脑袋上。然后拿细细的铜线将下段绕两圈缠住，固定到这里（大头针上面一点的地方），另一边的头发也如此固定好了，最后头顶那缕头发也汇集到这里，合起来梳成一个马尾辫。为什么要分成三股？其实分三股可以说是三个不同的方向吧，分开来梳，会梳得很整齐，而且能够紧紧贴着脑门，看起来整齐好看。木偶头发跟我们真人的头发不一样，它是从前面这么垂下来，旁边、四周、下面都没有。

123

把它分成三股，各个方向都照顾到，直接梳个马尾显得头发很少，旁边都是秃的，很难看。（图83、84）

▶ 图83 扎大头针

▶ 图84 头发分成三股往后梳

接下来，我们在原来这根大头针上面大约二三公分处再钉一根大头针，将马尾辫沿着两根大头针来回绕几下，就盘成了一个髻子，基本发型也就梳好了。头发要打很多胶水，基本得湿透了，不然粘不住，固定不了。接下来，我们要贴片子。（图85、86、87）

▶ 图85 三股头发汇聚在一起梳成马尾辫

▶ 图86 梳头发的工具

▶ 图87 盘头发

（4）贴"尪仔对"

开始贴"尪仔对"之前还得先处理一下。因为粘了很多胶水，胶水干了之后"尪仔对"很硬，所以得用手把它揉一揉，弄软了，待会儿才好贴在脑门上；而且有些头发跑出来了，看起来比较杂乱无章，要把这些毛毛的边挑掉。做这个很麻烦,非常麻烦。

然后,再将"尪仔对"一个个依次贴上去。第一个"尪仔对"要对准额头中点,要贴高一些,拿黄胶(牛皮胶)粘,因为黄胶黏性比较强。为什么要贴高一点呢?这样可以把发际线遮住。粘上后用手紧压一会儿,直到确定粘住了才放手,将多出(超出)的那一头剪掉。接着往两边各贴两个后,就得先贴鬓角了,鬓角也一定要先揉软了才行。为什么要先贴鬓角呢?因为鬓角的头露出来不好看,最后贴的两片云片可以将它们的头盖住。(图88、89)

≫ 图88、89 贴"尪仔对"

头发可以说基本上梳好了,但是因为我们用了很多胶水,所以头发上结了一层白白的东西,看起来很不舒服,所以收尾工作是用一块湿布把这些轻轻擦掉,让它更完美一些。

武旦的发型比较简单,但如果是小旦的话就比较复杂,有刘海,还要盘一些造型,必要的话我们还得往上插珠花。这些珠花也都是我们纯手工做成的,用很细很细的铜线穿各种不同颜色的珠子,做出不同的样子来,插到头上去,很漂亮。那些珠子都是很小很小的,不好做,越小的越不好做,木偶头本身就这么小了,做的装饰更小,很难做。不过,小了也显得很好看、很精致的样子。所以,虽然很累,可是看到自己做出来的东西,还是很开心的。(图90)

13. 刻手脚

口述人:陈基林(徐竹初的徒弟)
时　间:2006年8月14日下午
地　点:竹初木偶艺术馆

刻手脚是我们学木偶雕刻的第一步。木偶的手分文手和武手两种。文手是小生、小旦等角色的,它的形状跟真人的手大致一样,四根手指(除了拇指部分)连在一起,而且做成可以上下活动的。在手掌心经常装个弹簧(固定住,不能伸缩的),中间可以插扇子、雨伞等道具;至于武手,当然就是那些耍兵器的了,他们的手就要刻成这样握拳的(边比划),拳头中间挖个洞,里面就可以插兵器呀什么的。武手比较简单。

我们现在要刻的是文手。文手分两个部分,拇指跟手掌一部分,其他四个指头的第一关节以上连成一部分。(图91)

▶ 图90 梳头完成

▶ 图91 文手

我们先刻手掌这里的。一般先锯好很多一样大的长方体木块。用铅笔先在正中间这里划一条分界线，平均分成两半，做手一般都是一对一起做的，两个手要刻在同一块木头上，这样两只手才会对称、大小一样。在上面对称地画上手的轮廓，弧线要跟真人手的弧度一样。根据画线的位置，我们开始挖，把不要的部分挖掉，剩下的就是我们要的轮廓。挖的时候要时刻看看两边有没有对称，弧度有没有对，别挖过头了。

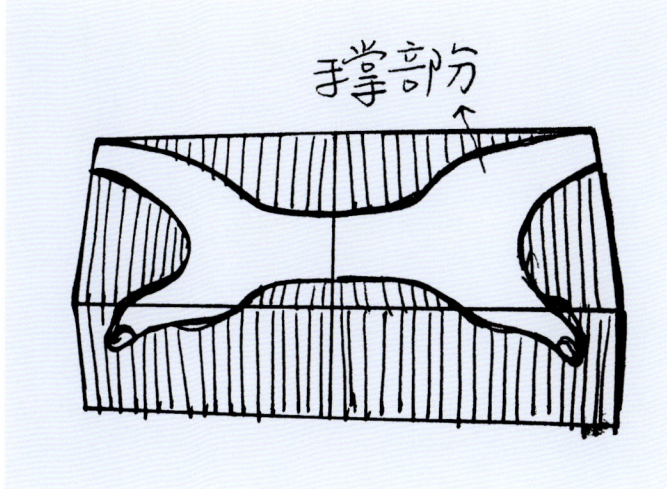
▶ 图92 左右对称画出手腕轮廓

▶ 图93 手腕部位

这样手的腕部和大拇指已经做好了，从正中间把它们锯开，就变成两只手了。接下来做四个指头那部分。（图92、93）

左右对称画出手的侧面轮廓，就可以开始削了。（图94）也是用圆凿刀，刻木偶基本都是用圆凿刀。

▶ 图94 左右对称画

活在尪仔的世界里　第三章 徐竹初谈木偶雕刻艺术创作

≫ 图95、96、97 刻四指

根据画线把多余的部分挖掉，挖出手指弯度。完了再用铅笔稍微把四指位置勾一下，用刀斜削出小的凹槽（手指缝），手指基本形态就出来了。然后从中间锯成两半（桌子旁边钉着一跟长长的铁钉，锯时让"手"卡着它，锯子贴着它沿中线锯开），这样就差不多完成了。接下来得让手指跟手掌部位连接起来，连接部位要对得起来。在手指连接处横向用电钻打一小孔，然后在手腕连接处两边也都打孔，三孔的位置要呈一条直线，最后用大头针把它横穿连接起来，针尖一端用铁钳打钩固定住。大头针就像一根轴，手指既连接起来了，又能上下灵活翻动。（图95～图98）

▷ 图98 钻洞

雕刻完了大概要刷两遍土，经打磨后再上色。拇指部位注意刻出指甲的弧度来，其他四指不用，指甲部位用红颜色染一下就可以了。（图99）

这里雕刻的是文手，武手则是握成拳头，中间有一个洞，可以插入兵器。两只手的洞一定要对得上，不能歪也不能斜，不然就不能握兵器。（图100）

▷ 图99 上土

≫ 图100 武手适用于北行类角色

脚也是一样，放在同一块木头上做，这样子组合，这是靴子的基本形状，像狮头靴、虎头靴就得再把头刻出来就是了。（图101）

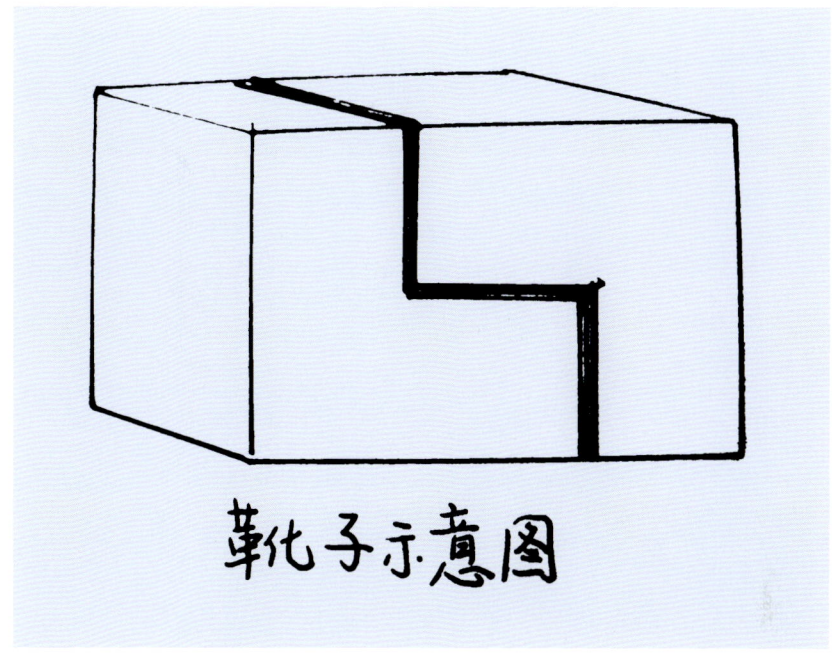

> 图101 刻靴子示意图

14. 做尪仔衫

口述人：郑淑香（徐竹初爱人）
时　间：2007年8月31日下午
地　点：徐竹初家

要做件尪仔衫真不容易。我今年70岁了，这个做了有几十年了。从我嫁给徐竹初到现在，没有一日停过（工作）。年轻的时候一天从睁眼到晚十一二点，都在做，都没停过。现在比较老了，也没停，该做还是得做。累是累，但想到他（徐竹初）也很不容易，能替他分担点就分担点吧。

他虽然现在退休工资还可以（因为他以前在剧团也是当领导的），但是那点钱都投到艺术馆了，所以我还要继续做，反正又不是

> 图102 郑淑香在做"尪仔衫" 2007年9月1日摄于徐竹初家（下同）

做不动，能做一点是一点。

  我做的这个衣服，还真的不容易，从头到尾，都是我一个人做完。民间手工艺就是这样，你没有一定的时间就是完不成。一定要钉在椅子上，要是你"屁股掀锅盖"[8]，那肯定干不了什么东西。这个要靠人的耐性了，师傅只能跟你讲怎么做，实践还是要靠你自己，没有耐性做不了。（图102）

  做衣服讲究步骤，一步步来。我做的就是最传统的手（工）绣的尪仔衫，所以绣工要好，绣工好不好比较一下就看出来了。我做的针脚就是很平，这样皱巴巴的就不行，你看是不是？做件尪仔衫，最难的就是绣工。（图103）

▷ 图 103 黑甲

▷ 图 104 佘太君穿的赭帔

做衣服的这些纹样都是传统的，传统戏曲里尪仔穿什么衣服，都是有讲究的。皇上穿龙袍，皇后穿凤帔，小姐穿小姐帔，将军穿战甲。还有这种素衣，给古代的公子穿。彩旦穿旗装，因为她是丑角。还有这种赭帔，是佘太君穿的。（图104）还有这种是皇帝的老婆闲暇时穿的，叫凤袍，都不能穿错了，乱套会被人家笑，所以有句古语说"宁穿破，勿穿错"。颜色也有好多种，光小生的衣服就有白色、天蓝色、黑的、黄的等等。黑色是武生穿的，天蓝色是文生穿的。戏剧的衣服念不完，好多好多了。如果我们要给它细细地分出来，主要有这几种：

第一种是"蟒袍"，有的地方称它为"通"，是那些皇帝老儿了，就是帝王将相，还有大臣们穿的，上面都盘着金葱、银葱，很贵气，他们当的官比较大，比较富贵嘛。所以用金葱、银葱盘着龙，双龙，还有飞龙，龙在中国是象征着地位很高，所以皇帝穿的也称"龙袍"了。颜色就有好多种，皇帝穿黄袍，那些大臣穿红袍，这种咖啡色的（赭袍）给那些皇亲穿，还有蓝色的、黑色的。蓝色的据说是比较忠直的大臣穿，黑色的是给比较耿直的老臣穿的。（图105～图107）

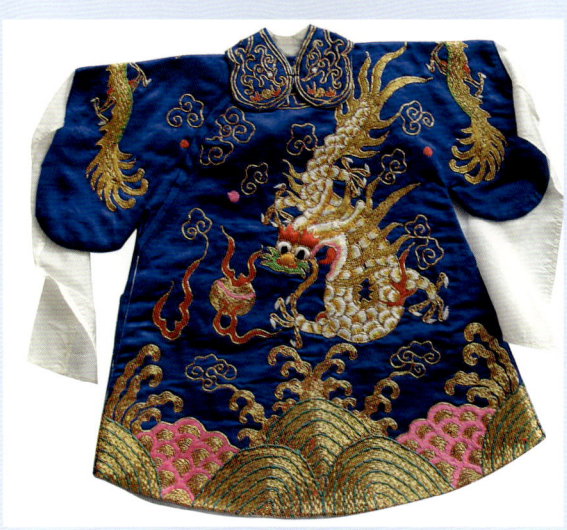

▷ 图105、106、107 通

第二种是"官衣",就是那些文官穿的,你看,前后都有一块"补"[9],上面绣一些动物、云纹什么的。绣的动物有仙鹤啊、白鹭啊、孔雀啊,还有老鹰什么的,据说这些动物都代表不同的等级。(图108~图110)

▶ 图108、109 帔

第三种是"甲",就是将军们穿的战甲。绣的花纹最多,还要盘很多金葱银葱,最难做的就是它了。它的特点就是前片正中绣着狮子、老虎、豹子这些比较凶猛的动物。后面还要插几根旗子的,我们叫做"大甲"[10]。大甲的颜色有很多种,黄色、红色、青色、黑色、白色都有。也有粉色的,给女孩子穿,像那个穆桂英穿上去,又漂亮又威风,比男的穿还好看。还有这种比较下等的武士穿的袍仔,没那么华贵,没有绣兽,只绣花纹,衣服也是素色的多。(图111~图114)

▶ 图110 官衣

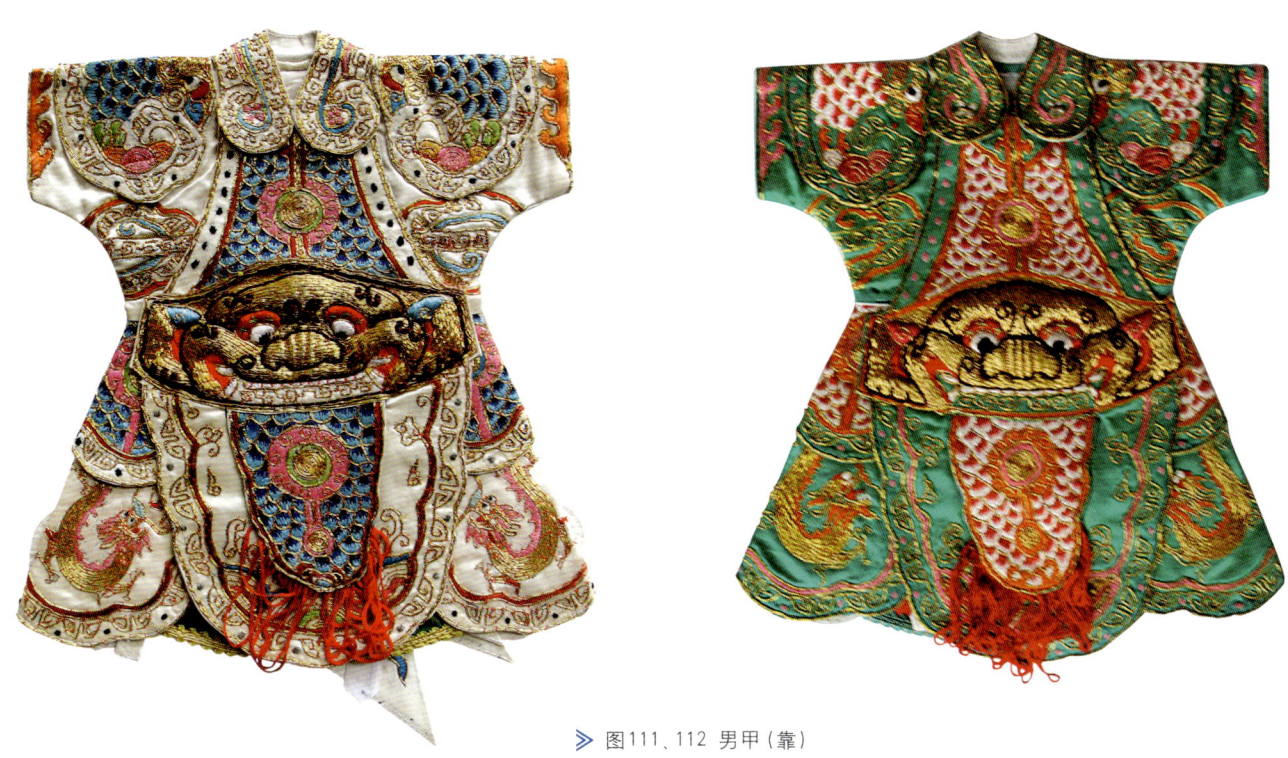
≫ 图111、112 男甲（靠）

≫ 图113、114 女甲、靠旗

第四种是"长衫",就是古代公子哥儿穿的那种长衫,是"歪襟衫"[11],也有素色的,也有在上面绣些花纹。它跟甲不一样,甲上面的图案是固定的,位置也不能变,传统的怎样就怎样,它的花纹可以变来变去,位置也可以挪来挪去;还有一种叫做"帔"的,则是对襟衣,胯下有开衩,有男帔和女帔;如果往中间加绣八卦,就是和尚或道士穿的;还有的在长衫下还加穿裙子,是那些仙女、丫鬟穿的;如果单纯是白色,给那些小女孩,还没结婚的或者刚结婚的穿,也很好看;如果在头上加扎一条白绸布,那就是孝服了,这种服装很少做,除非戏班订做,演出才有用,平时摆着看(观赏性的木偶)的很少做这种。(图115、116)

➤ 图115、116 长衫

长衫的袖子都比较宽,缝的时候还要给它多加上"水袖",就是绣口多一条白绸布。这里(指袖子)为什么这么宽呢?我们的尪仔衫都是模仿古人做的,古代人随身带的东西都装在这里,所以当然要宽一点了,袖口这个地方比较窄,东西才不会掉出来,你说对不对?

第五种是"裼子",平民老百姓穿的,颜色不多,蓝、青,或者其他浅花布料为短裼,下面配上裤子、裙子。还有一些彩旦穿的裼子,就是旗装了,像那个媒婆、巫婆穿起来,走起路来衣袖摆一下摆一下的,很好玩。[12]还有一些比较特殊的,比如兵丁,要在裼子外套一件"号褂",就是我们现在的马甲。(图117、118)

我干了这么多年,该绣什么纹样心里都很清楚,有时候我女儿也会自己设计,我自己也有设计,不过大部分还是按传统的来。木偶有自己的行当,乱来还真不行。尪仔衫里最难做的就是战甲(靠)了,这么多片,花纹也最复杂。我给你示范做战甲,战甲会做,其他就更简单了。

▶ 图117、118 彩旦褂子

（1）做图纸

我这里每种衣服的绣样都有，每件衣服要绣的花纹都好几片。像这种战甲，有两个前片、有后片、有肩片、衣领片、腰带、肚子两边的两片、四把旗靠，好多了。然后前片又分中间片，大腿这里的两片，然后大腿到屁股后面的又有左右两片……光一件衣服就二三十片，集中在一张图纸上，才不会乱，也不会浪费布，这种绸布也不便宜。怎么节省呢，一片片绣片这么摆，中间留一些空隙。摆成一个正四边形。也不能摆得太满，因为这些纹样绣好了我们要把它剪下来，要留点边，不然这种绸布很容易"绥绥去"（毛边）。图纸就是蜡纸了，上面的纹样都摆（描）好了，用圆珠笔、铅笔都可以，一般先用铅笔画，错了用圆珠笔改，看得比较清楚。（图119）

▶ 图119 一件衣服的所有绣片集中在一块布上

纹样摆好了，拿个粗点的针，顺着这些线条一个窟窿一个窟窿扎过去。扎密点，不然绣的时候形会跑掉。扎这些眼就是为了把这些纹样摹（拷贝）到绸布上。扎好的这个样板就可以一直用，用很久了。我这是自己想的，也没有那么多讲究，看我这桌面，都被扎成这样一窟窿一窟窿的。（图120）

（2）摹纹样

我们现在是要把纹样摹（拷贝）到要绣花的绸布上。绸布我一般都先剪好了，形状、大小都跟图纸一样（正四方形），约八十公分宽。

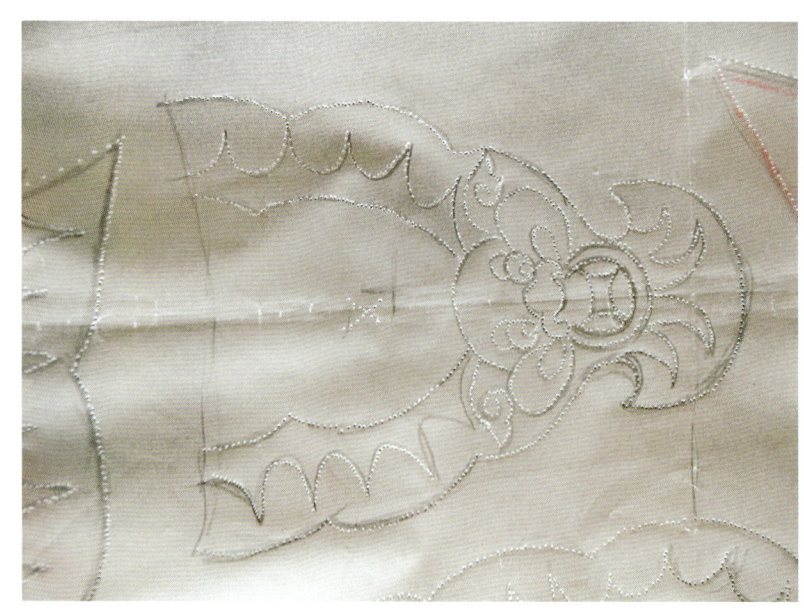
图120 在图纸上扎窟窿

要量多一点，不可能刚刚好，浪费一点是肯定的。把布平摊在桌面上，图钉钉在四个角上，固定好了。然后把图纸往上这么一铺，对齐了，也要稍微固定一下，不能随便动位置。接下来调颜料往上刷。什么颜料？我用的这种是油画颜料，调点这种油（调油画颜料用的调色油），不能太稀，不然印不清楚，太稠了，笔拖不动。大部分用的是白色的，为什么？你看，尪仔衫五颜六色的多，红啊，绿啊，蓝啊，粉啊，橘色啊，白色的少，白色颜料在上面比较显眼。

固定好了，可以刷颜料了，拿大排刷往上刷。这样颜料就透过针孔漏下去了。这样刷四下就够了，不能重复。为什么不能重复？第一，怕万一纸跑了（挪位置了），刷下去纹样也跟着跑了；第二，怕多刷了，颜料太多了，万一渗下去，把布给弄脏了。所以干脆利落一点，扫过去一遍就好了。（图121、122）

图121 往上刷颜料

图122 油画颜料、调色油、排刷

刷完了不能马上用，手也不能乱摸，小心别把布给弄脏了。你是画画的，也知道这油画颜料起码也得放个一两天才有点干了。主要是看天气了，天气好的一天，天气不好，两天也不行。所以不敢折起来，要摊开了放着晾干。一般平时我们一次就多印几张，放着备用。

（3）绣花

花纹印好了，接下来我们开始绣花，这是最难、最久的一道工序。

第一步先绷布。你见过绣花吗？当然不能拿着布直接往上绣，先要把要绣的部位绷起来，拿绷子一大一小[13]这么绷紧了。要绷得很紧，布绷紧了才好绣花。特别是绸布，尤其容易皱巴巴的。而且你看，我们每块绸布边都要"锁"起来（缝住、固定住），才敢用力拉，因为这绸布除了爱（容易）皱，还爱毛边。不用缝纫机锁边它的边线就很容易拉丝，越拉越往里，这么用力拉几下，布就拉坏了。（图123）

▶ 图123 绷布

第二步是绣花。绷好了就可以这样挑着挑着绣。绣花先绣哪部分？一般先绣里面。花纹有好几种，比如这种叫鱼鳞纹，一小片里就有三个颜色，有白色，有粉紫，有深紫色，有变化才好看。我们就是先绣白色，再绣粉紫，最后绣深紫。当然了，你不能绣完一整个（鱼鳞片）再绣另一个，你得把这沿（这片的色彩）的都绣完了再绣另一沿（色彩），不然会累死。绣完里面，再去箍这些金葱，你要一片一片地箍。如果是绣这种桂花（纹样），就要先数数要绣几朵，一朵、两朵、三朵、四朵、五朵，横的要绣五瓣（五个花瓣），竖的就要二十瓣，你就用红线排（绣）二十瓣，这样一横一竖排过去，把这片都排满了，接下来再去盘金葱。（图124、125）

▶ 图124 鱼鳞纹

▶ 图125 桂花纹

第三步是盘金葱。什么是金葱？就是这种比较粗的金线了。如果是传统的金线就很值钱了，据说里面含有真金，烧成灰就可以看到一些闪闪发光的，据说就是真的金子了。现在用的是一些仿真材料做的，颜色也好多种，有银色、绿色、红色等等。我们统一把它们叫做金葱，也不管是什么颜色的，反正闪闪发亮就是了。金葱不是绣上去的，因为它比较粗，做装饰很漂亮，我们主要是用红线给它固定起来，把它盘成一些漂亮的形状。像龙、凤、海水、胡须（波纹）等等，还有所有花纹的外形，都用金葱盘起来，看起来很贵气（富丽堂皇），很水[14]。绣件龙袍、凤袍，还有战甲，都要用很多的金葱（装饰）。盘金葱用针也要均匀，隔一下订一针。要隔多长呢？主要看个人了，有的订密些，有的偷工减料的就很长了才订一针。其实太密了也没必要，浪费时间，还不好看。太疏了也不行，形状就盘不好。一般隔个半公分多订一下，转折处一定要订到，这样盘起来才好看。（图126、127）

▶ 图126 盘金葱图样，上面开的口袋是用来插靠旗的

▶ 图127 金葱

第四步是绣兽。战甲，最难绣的就是中间这个兽头[15]。我们把它放在最后做，才不会起褶子，变难看。怎么做呢？我们拿一个塑料袋子，比这个大一些的，铺在这个位置上面。塑料袋子要厚点的，不然不够结实，很容易破。铺好了，先把它缝在上面，沿着这个外边用针啊、线啊缝住了（边比划边说）。比如这里一、二、三、四，一共四个边，四个边不能都缝住了，要留着一个口不能缝。为什么要留一个口呢？因为我们得往里面填棉花。塞得让人感觉这个塑料袋很饱胀，已经塞不下了。塞得膨膨膨（鼓鼓囊囊）的，把最后一边缝好了，然后往上绣眼睛，再绣眉毛、牙齿。眼睛是先黑线再白线，牙齿也是白线，眉毛用红线，狮子的眉毛都用红线。然后缝狮子的耳朵、狮子脚上的火焰，缝得差不多完整了，再来箍这些金葱，黑色的，照头（从头到尾）箍起来。箍紧点它就凹下去，凸起的就多塞点棉花，像眼睛、额头、耳朵这里就要

多塞点棉花，有凹有凸看起来才会"水"（漂亮）。（图128、129）

▶ 图128 兽头

▶ 图129 用塑料袋来包兽头

绣花有什么讲究呢？最重要的就是看起来针脚会正、均匀，过了水还是很平。要是工夫不到家，绣起来针脚歪歪扭扭，布皱巴巴的，真难看。你可以比较一下。不比不知道，一比就看出门道。

最后是拼衣服，这些片全部绣好了，把它们一块块剪下来，拼起来就是一件衣服了。现在不用一针一针来缝，用针车（缝纫机）车（缝纫）就可以了。（图130）

剪绣片不能太靠里，要留三分（留一点边）。为什么留三分呢？因为我们还得给它做个布内里。大甲嘛，看起来要硬硬的，显得威风，衬个里比较好看。布内里用的是这种棉布，正宗棉纱布。为什么选棉布，因为衣服做好了我们还要熨烫，别的布一烫很容易皱，简单地说，就是一烫，针脚处就膨起来了，棉布就不会，不会走样。我们把绣片往棉布上一放，剪个形出来。然后用糨糊把它们要缝合的边

▶ 图130 用了几十年的缝纫机，上面堆满了各色丝线

这么点一点，点一点，粘起来，要车（缝纫）时才不会走样。也可以用白乳胶，自己做的糨糊放久了会酸掉。粘好了，我们沿着边车（缝纫）起来，要在反面车，留一边，等车好了翻过来，正面就露出来了，把最后一个边再车好，多出的边和线头剪了。最后，再整个正面车一遍，会比较好看，这跟车枕头一个道理。

≫ 图131 黄甲（靠）

一片片弄好后就可以把一件衣服拼起来了。这里有各种颜色的线,车什么颜色的衣服我们就用什么颜色的线,要讲究点,做得精致些。(图131)

现在要开始拼衣服了。先做个主体躯身的衣服内套(绣片装饰在上面),接着把袖子单(自身)车起来,身躯这部分先不要车起来。后背这里开个口,里面装个口袋,干吗用?可以用来插那四根靠旗。所以我们刚才把身躯这部分先留着,要是(躯身)都车起来就很难做这个插靠旗的了。接着我们把两肋的绣片车上,再把肩上这两片也车上,然后再车衣领这里。上身的绣片都装饰好了,就可以把躯身车起来了。(图132)

▷ 图132 粉甲(靠)

衣服下面有三层，要从里到外位置排好了，一起跟上身车起来，不能一片片车，不然位置会跑掉。最后，我们要车上衣的前片、腰带以及下身前片，这三片单（自身）车起来，然后挂在领口这里车起来。只能先车住右边，留住左边。为什么？你看，我们这件内衣开着一个大领口，干吗用？如果不开领口木偶头怎么穿得进去？衣服怎么穿？所以，同样的道理，衣服领口的一边不能固定死，我们留个活口，缝个扣子，等着穿好衣服再扣上。这样穿衣服才方便。(图133)

拼件衣服也不是那么简单，起码也花个一两天时间吧。你要熟悉它的步骤，什么先装，什么后面装，还要挖个洞啊装个纽扣什么的，挺费神的。

绣最花时间了，这么一件衣服从早到晚绣下来，也要一个月的时间。如果是透早起（很早起床），中午吃完饭就接着干，干到晚上十一二点才休息的话，半个月就可以（完成）了。我是干这个的，我知道。年轻的时候，我经常绣到半夜两三点。没办法，民间的手工艺就是这样，没有投入一定的时间，就做不出什么东西来。虽然一天有8个小时，但如果有朋友过来家里坐，跟你说会儿话，上午3个小时就浪费掉。做手工也要费眼睛，我眼睛还可以，都不用戴眼镜，也没有老花，可能是我性格开朗，不会胡思乱想。胡思乱想有什么用，又不能解决什么问题，把自己的身体弄坏了怎么办？所以我从不胡思乱想。(图134、135)

▷ 图133 领口活扣

▷ 图134 白蟒

▷ 图135 黑蟒

我都是自己一个人做，也没请工（人）。你想想，这种活，有时候有（订货），有时候没有。今天有活的时候很赶，你雇人做，明天的时候又没活（干）了，谁愿意帮你做！你说是不是这样？所以我都是一个人自己做。当然，我也请别人做过，但是不现实。别人没有这个耐心，做不好。有些衣服做出来了，没做好，我又不好意思叫人家返工。人家为了赚几块钱，做得辛辛苦苦，你叫她返工，不好意思了！要是办个工厂，让她们来这里做，随时可以指导，哪里做坏了就马上叫她改，这样才可以。不然，人家拿到家里做，整件完成了，你一看，没做好，叫人家全拆开了，那就都坏掉了！一件衣服几千针、几万针的，你说要缝多久，能说拆就拆吗？但是家里也没钱再租个房子请人做。现在市区的房子很贵，远的地方坐车又要花那么多时间，不划算，还是自己在家做，能做多少算多少。（图136）

» 图136 彩旦裙子

也有人建议，让每个人专门做其中一片，然后拼成一件衣服，也是行不通的。你想想，这个做一片，那个做一片，你摸摸，我摸摸，每个人都摸几下，这衣服都要烂（脏）掉了。而且，每个人绣的针脚都不一样，拼起来整件衣服也很难看。还有颜色要自己配，别人不一定会按规矩来配，她把红的换成黄的、绿的，就不好看了。或者像这个鱼鳞片，本来这里要白色、水红色、红色三种颜色过渡，配起来才显得干净，才会好看，她就来个偷工减料，就用两种，我们也不敢说什么。你绣工很好，颜色不干净，配得不对也不好看，配颜色很重要。所以还得自个儿做比较放心。像那些苏绣什么的，人家绣得真好、真水（漂亮）啊！我就没那功夫，绣那么好！

尪仔衫有很多种，有一尺二的，有一尺四、一尺六的，也有两尺二、两尺四的。一般一尺六的做得比较多，像我现在做的这种。

做这个东西也没有人教过我，我都是看古代留下的衣服，自己慢慢琢磨出来的。老徐（徐竹初）也会在旁边指点指点，他自己不会做，但知道怎么做，会指导我。

15. 穿布内套

口述人：黄燕玲（徐竹初的学生）
时　间：2006年8月14日早上
地　点：竹初木偶艺术馆

每个布袋木偶都有一个布内套，这就好像人的身子，有了身子才能穿衣服，不然衣服空荡荡的挂在外面怎么行？所以每个脑袋都要套个布内套。你有没有看过戏班演出，有时候一个木偶穿上不同衣服就可以演不同的角色。所以一个戏班有几十个木偶头就可以了，平时就放在那边，布内套反过来把脑袋包住了，才不会磕伤了、掉色了什么的。要用的时候才拿出来，比如今天要演《西游记》，那就把孙悟空、猪八戒、唐僧等等这些木偶头挑出来，给它穿好衣服，放在戏台下的布袋，按顺序摆好了，演出的时候顺手一拿，就很方便。（图137）

布内套一般是那种白棉布做的，以前主要用亚麻布，可能是亚麻布比较厚一点，比较不容易坏，而且厚了有体积感，撑得起来。还有以前可能是亚麻布比较便宜吧，省钱，反正我看到的都是用亚麻布比较多。（图138）

▷ 图137　"尪仔"布内套

把布裁成正方形，差不多十五六公分宽吧，把它沿对角折起来，这样就变成三角形了，长的这边是肩膀到手这边的。只要稍微修剪一下，给这里（腋下）修点弧度，三个尖角给它剪掉一点，袖口就出来了，还有底下这个角剪掉一截，布内套差不多就是这个样子。我们要做的就是把它缝到脖子上面去。

▷ 图138　钻八个洞

现在的木偶头已经是成品了，所以要小心对待，拿的时候用布包着，放的时候也要把它放在布上面，省得把脸给磕坏了。要把木偶头缝到衣服（指布内套）上面，要先在木偶的颈部钻几个窟窿。钻窟窿的工具很简单，就是做个锥子，其实就是一根硬铁线，一端拗成圆圈，就是把手的地方，另一端磨尖了，我们都是自己做的。钻窟窿用力不能过猛，不然木头会裂开，一般钻8个洞就可以了。（图139）

第一个洞要对准中线，从额头到鼻子、到嘴巴这条中线对下来。然后是两个耳朵对下来的那个点，才不会歪，接着在后脑勺中央正对的下面钻洞。这四个点找准之后，在它们之间的中央各挖一个洞，这样就有八个眼了。

接下来把布反过来，沿领口正中央位置剪个十字形，横边宽度相当于头颈的围度。竖的边对着刚才的中线下来。剪好了就可以开始往上缝了。布是反的，木偶头也是这么倒着拿，然后按照刚才钻窟窿找中点的方法，找准了位置，一进一出，第一圈缝4针，将头颈圈起来，然后再反向缝4针，内外就都圈到了，这样缝起来才不会歪。用比较粗的线，比较耐用。缝好了倒扣回来，你看，内套就缝好了。（图140）

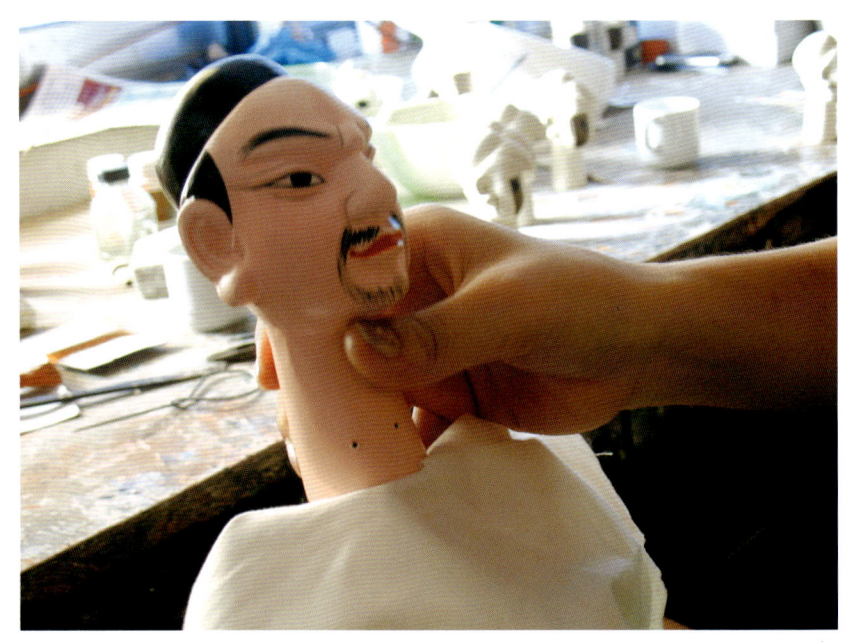

>> 图139、140 缝布内套

袖口这里还要把手缝上去。木偶的手在手腕这个地方都刻有一圈凹槽，我们主要就是靠这里固定的。手插进去，用袖口包住，所以袖口不能剪太大，包紧了，穿一针过去，然后沿着凹槽绕一圈，扎紧了，再绕一圈，一般两三圈就差不多了，也很结实。这样把两只手都缝上。顺带把肋下这两边缝起来，底下一定

得留住了。为什么要留住？我们的手可以伸进去，才演得了戏。（图141）

木偶的脚是缝在这布内套上面的。传统的木偶腿跟手臂一样长，整件衣服看起来就像个正方形。所以腿也就七八公分长吧。还是用亚麻布缝两个长方形，底下把脚缝上，两边对称，脚往外撇，因为木偶脚是"八字脚"，很简单了。缝好了在里面塞点棉花之类的东西，看起来质感比较强。

木偶身子做好了，看起来不太好看，给它外面套上衣服一遮就很漂亮了。

➢ 图141 缝手

16．做帽盔

口述人：徐竹初
时　间：2007年8月31日下午
地　点：竹初木偶艺术馆

大部分木偶都戴着帽盔，除了一些鬼怪、神仙，还有"散头"、和尚这些人，其他男性角色几乎都有戴帽盔，女的会梳各种各样的发型，我们叫做"头面"。帽盔，就是帽跟盔，分硬的和软的。

硬的就叫做盔，像皇帝戴的是帝盔，太子戴的是太子盔，那些诸侯戴的是平天冠，元帅要戴帅盔。武将戴的品种最多了，有南北战盔、狮头盔、虎吶盔、罗盔（番将戴的）等等。文官戴的也很多，有相貌、金貂、四角翅（匙）、圆翅、尖翅等等。王妃、贵夫人戴着凤冠、珠冠。还有一些比较特定的角色，比如关羽戴的是关公盔，二郎神戴二郎盔，太监戴监帽，丑角戴歪边帽、时迁帽……（图142）

➢ 图142 钟馗戴尖翅帽 2007年8月31日摄于竹初木偶艺术馆（下同）

▷ 图143 北行戴战盔

软的，就是布做的，称为巾或"帙头"。文生戴文生巾，书生戴解元巾，老生戴汉文巾、员外戴蝴蝶巾，武生戴武生巾、三元巾，英雄戴斧头巾、三角巾、斜边巾，道人戴七星巾、太极巾，文丑戴笑生巾……（图143）

头盔我以前做过，但现在主要是我弟弟（徐聪亮）和我的徒弟、工人在做。我就讲个大概的，因为做起来要很久，很啰唆（麻烦）。

做头盔的工具有很多，有模具、硬纸皮、剪刀、毛笔、胶水、钳子、锥子、梳子、针线、细铁线等等，装饰的材料也不少，各种珠子、各种布料、各种装饰布条、花边，还有颜料等等。

根据帽子的不同样式，要先做出不同的模具。传统的模具有用石灰做的，各种各样，可分为文职和武将两大类。一个模具可以用非常久，每个模具对应一种帽盔。有了模具就好办了。所有的帽子都是根据这个模具，用纸帮（硬纸皮）折出一个大的形状出来，作为帽子的内胎，然后再根据需要做装饰。纸帮就是硬皮纸，但是我们要给它上浆，一是软化了我们好折出形状，二是上了浆以后可以防水，纸最怕淋到水。内胎以基本形为主，四方形的、圆柱形的、椎形的，也有拟形的（狮子、老虎），各种各样的都有。（图144）

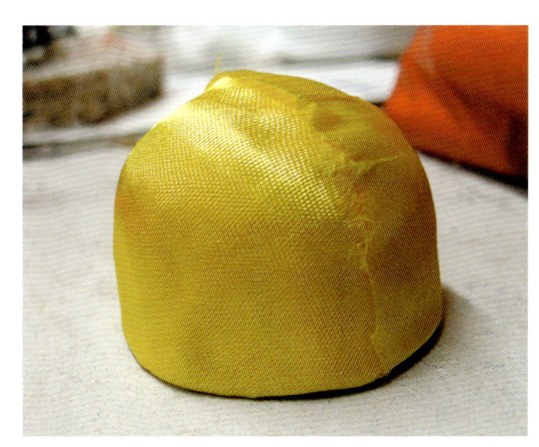

▶ 图144 帽子内胎

内胎完成了，我们要给它做个外套穿起来才会好看。那什么外套呢？一般就是给它蒙上一层绸布，什么颜色就要根据角色来定了。怎么蒙上去的？基本都是用胶水、白乳胶之类的，蘸点胶水给它粘上去。这样大的框架就做好了。一些大的装饰部件也要先做好了，比如帽檐，一样用纸帮做内里，外面蒙上布，滚（镶嵌）上边，一般都是用胶水粘。传统的也用牛皮来做，质量很好，有的放了几百年还好好的，但那个成本特别高，民间一般用纸帮做。（图145）

▶ 图145 装饰顺序：从整体到细节

最难的部分是装饰。装饰有很多，比如滚（镶嵌）个花边，用珠子串起来装饰，还有是在布上面绣花，或者直接用颜料在上面画花纹，或者贴布等等。如果用珠子装饰，就要用到很多铁丝了，用它把珠子串起来，串成各种造型的珠花，穿到帽子后面去，固定好。（图146、147）

» 图146 后片

» 图147 虎呐盔成品

装饰的顺序一般是从大到小、从内到外一层层加上去，各个独立的部件先装饰完成了，再往主体上插。比如刚才说的帽檐，纸帮折好了，往上蒙布，布蒙好了，滚花边，然后将串好的珠花一根根往上插，穿到背后固定住就可以了。帽子的后片最后安装，它的做法也类似，只是不用纸帮，用内里代替。做法是：根据模板剪出内衬布（白色的为主），然后剪出后片，比内衬布小一点。小布叠在大的上面，沿着多出的边涂一层胶，下面的布反扣上来粘住了，要粘整齐，接着沿着交界的地方用胶水把花边给粘上去。最后，再上点胶，用锥子把它嵌到帽子上去，一个帽子就做得差不多了。

一个帽子做下来也要很久，没个一两天都做不完。这么小的一个东西，用的材料多，精力也多。所以说，传统的手工比机器生产的艺术性强，也比较有人情味在里头。传统的东西还是不能丢！（图148~图150）

» 图148 相貂

▶ 图149 红尖翅 凤冠　　　　　　　　　　▶ 图150 平天冠 帝盔

二、影响篇：他们对我的影响很大

口述人：徐竹初
时　间：2006年8月31日下午
地　点：竹初木偶艺术馆

对我艺术创作影响最大的人应该是我父亲，我做木偶雕刻这一行是他把我领进门的。我父亲是一个多才多艺的人。在旧社会，不能够单干一行，单干一行赚不了饭吃。我父亲一生做过各种各样的活，他当过泥水匠、木匠，会盖庙，也会做庙里面的泥塑。他会打铁，还会雕刻、画画，过去也做纸扎、做花灯、做龙灯、做狮子等等。

过去人家经常请他去庙里做菩萨。他会泥塑，人家喜欢请他，因为他做得比较地道。我记得小时候有一次，我父亲带我到东岳庙修缮地藏王像，那尊菩萨十分高大，可能有10米高吧。庙里面阴森森的，有牛头、马面，还有各种神佛鬼怪。我初去时，连门都不敢进，小时候胆子很小嘛。看到这些都吓怕了。后来去过几次就比较不怕了。我一边帮我爸爸干活，就是递递东西什么的，一边看，看熟了还敢上前去摸一下，后来就把这些形象都记下来了。所以，原来我刻一些鬼怪的时候，都会想起这些，有些还参考他们的样子。应该说，如果没有我父亲带我到处走，我就没有办法学到这些东西。还有我们漳州那个中山公园里面有一个民兵塑像，水泥做的，叫做闽南革命纪念碑，那个民兵就是他做的，现在还放在那里。还有原来南山寺的四大金刚也是他雕的。

我父亲过去的时候最有名的就是做狮子。过节时，那些拳头馆、武术馆都会来订做狮子。我父亲原来的店号叫"天然号"，现在很多武术馆还记得要订做狮子就要找"天然号"。现在有的（狮子）还保存下来了，要翻新时就找我弟弟去，他继承了我父亲的一些手艺。我父亲做的狮子一个是耐用，一个是好使（好用、好耍），一个是漂亮，狮子耍起来后看起来很威风。所以说，我父亲是非常多才多艺的，这一点很值得我学习。

此外，我父亲在对待艺术上是精益求精的。比如在搞舞台方面，他就不断地改良，不断地改进，直到满意为止。除了工作之外，他不抽烟、不喝酒、不赌博、不乱花钱，他把所有的精力都放在工作上。人们到现在都还记得他设计的那些舞台，那些舞台在"文化大革命"时都毁掉了。人们现在想恢复它，看了照片，也利用现在比较先进的材料，研究了很久，还是不懂得怎么做出来的，不懂得里面

▶ 图151 2001年徐年松在竹初木偶艺术馆

的结构是什么样子的。他们说，除非我父亲再活过来，不然就再也做不出这样的舞台了。（图151）

原来我们剧团出国演出时用的舞台就是我父亲设计的。它的造型是一个天安门，天安门在故宫的南侧，明代就有的。故宫不是古建筑嘛，很有中国特色的，所以它才能够代表中国，它就是最好的舞台。它不是哪个剧目的，是总的一个舞台，用来演古装戏的，因为它是中国的象征，有中国特色。这个舞台原来是为了参加一个国际比赛而设计的，安起来是一个天安门，收起来一个箱子就可以装下。这个舞台气魄很大，现在剧团想恢复，请了很多人都没有办法搞起来。所以说，我父亲在这方面是很有自己的一套的。（图152）

▶ 图152 徐竹初作品：大笑

我母亲很勤劳，经常给人家做衣服。她还会做一种"水仙花"，很出名。她做的不是真的水仙花，而是用一种"通草"，台湾出的，薄薄的，白色的，像泡沫一样，就是这样切成一片一片，现在已经没有了，她用这种通草做成立体的水仙花，跟真的一样，可以摆在家里当摆设。水仙花开谢了之后，就没有水仙花可以看了，我母亲就做这个卖。在漳州，她做得最好了，这方面在当时是比较出名的。我母亲死的时候我才17岁，我底下还有好几个弟弟妹妹，有的六七岁，有的才两三岁。所以我是长兄，我的很多弟弟妹妹是我带起来的。（图153）

▶ 图153 通草：一种属于五加科的小乔木"通脱木"的叶子。通脱木产于我国四川、广西、云南、贵州和台湾等山川丘陵地带。它的茎内含有大量白色髓液，生成的叶子"通草"洁白而绵薄，叶片直径大达十多厘米，成掌状7—12裂，叶面还披覆有白绒的茸毛，有光泽玉润之感，宛如一片片精致细腻的丝绒制品。通草人造花的制作从晋朝起直至今日。现在广东、浙江、福建、贵州等地仍在使用人造通草花

因为我父母都是手艺人，他们都很勤劳，所以说我现在工作也很勤奋，大部分是遗传了他们的性格。

我从1961年之后就一直在剧团工作。在工作上，对我影响最深的应该就是我们团的两个表演大师，就是我一直提到的杨胜和陈南田。一个是他们对木偶的演出性格刻画得很好，还有他们对木偶非常的讲究。怎么讲究呢？包括木偶的脖子、身子还有脖子的深度他都非常讲究，所以要挖多深，他们就会跟我商量，这样他们就比较好掌握，所以他们最喜欢我刻的木偶。别人刻的木偶他们都用不惯，用得没有劲头，他们说用我的木偶感到很有劲。我给他们做木偶时会特别注意，一个是这个空洞怎么挖？这个脖子不能挖圆的，圆的不好操作。为什么不能挖圆的呢？木偶的脖子是扁的，空洞也是扁的，才好跟手指配套；还有胡须不能够太密，太密了，演出很容易勾到。材料怎么造是我的事，怎么装、怎么演就是他们的事了。他们经常对我作一些技术性的指导。所以在剧团，我跟他们配合得很紧。我们一起商量这个木偶要做成什么样子的，才能让老百姓一看就明白你在演什么。因为他们自己对艺术要求很高，所以我做的木偶他们觉得哪里还不够，就会提出来，大家一起商量怎么改。我设计的一些典型人物，他们都提出了一些宝贵的意见。所以，我说对我有影响的人当中就有他们两个。

杨胜与陈南田简介：

杨胜，1911年出生于漳浦，曾祖杨乌仙的木偶表演艺术在台湾和闽南地区颇有名气，有"木偶状元"美称。由于家传和环境熏陶，杨胜7岁时就在父亲教导下学戏，13岁时已能娴熟运用杨家木偶表演，挑起舞台大梁重任，人称"童子师傅"。20岁时，杨胜已在漳州乃至闽南地区的布袋木偶戏领域中挺有名气。1953年，漳浦成立艺光木偶剧团，杨胜任团长。后入龙溪专区木偶剧团。1970年去世。杨胜虚心好学，刻苦钻研，兼收并蓄闽南木偶南、北各个流派表演艺术的特长与精华，集其大成，冶于一炉，最终确立了以北派风格为代表的布袋木偶戏在木偶艺术中的重要地位。

陈南田，祖籍台南，出身贫寒，幼年在台湾卖油条以助家中三餐，由于反抗日本人的欺凌，与其兄一同逃往大陆。后流落到福建漳州，投身布袋戏班，从此开始他的艺术生涯，并在漳州落户安家。创办"新南福春班"，成为漳州一带最负盛名的布袋戏师傅。1951年合并入漳州南光木偶剧团。1961年任龙溪专区木偶剧团主要演员。

杨胜与陈南田作为龙溪专区木偶剧团主要演员，数次代表国家出访苏联、捷克、匈牙利、波兰、前南斯拉夫、德国、法国、蒙古国和印度尼西亚，并在罗马尼亚首都布加勒斯特举行的世界木偶与傀儡联欢节演出比赛中荣获一等表演奖和一枚金质奖章。

杨胜和陈南田在布袋木偶戏表演中创造出许许多多栩栩如生、光彩夺目的艺术形象。京剧大师梅兰芳、周信芳、肖长华等对杨胜的木偶表演赞不绝口。

三、传承篇：传统木偶技艺传承之路

传承篇1

讲述人：徐竹初
时　间：2006年8月12日、16日上午
地　点：竹初木偶艺术馆

我父亲教我雕刻木偶是一种启蒙式的，不是那种科班式的，我看他做，进行模仿，然后从简单的做起，先做手脚，然后再练刀法，还有怎么修光，怎么上色啊，怎么做头发啊。比较简单的先来。边做边学，就是这样。按照过去的方法，先当学徒，帮着做，做得不对就提出来改。比如哪里做得不像？不像在哪里？他指点，起初我自己修不来，他示范。后来他指点，我自己修，自己修就有印象了。第一次做得不像，再做一次，印象就很深了。经过多次练习，以后就牢牢记在头脑里面了。下一次要刻哪边，刻什么地方，木头应该留住多少，经验就这样慢慢积累起来了。这种东西要一步一步地来，不可能一步登天。（图154）

▷ 图154 徐竹初作品：北行

图155 徐竹初作品：文奸

刻木偶就是这样。所以我现在教徒弟就叫他先磨刀。为什么要先学磨刀呢？因为刀是我们雕刻木偶的工具，刀磨得好，使用起来才快。所以一般学徒来的时候，第一道就先学磨刀。磨个一两天而已，自己再去慢慢琢磨，怎么磨比较快。然后来打胚，用小斧头打胚。接下来开始学雕刻，首先是先学个拿刀，拿刀的手势，好像写字，要得"劲"；要掌握这个木头的性能。怎么掌握性能？你要从高的往低的刻，要顺着这个木头，不能从低往高刻，就好像我们划船要顺水，顺着这个木头的年轮，咱们木头不是有这个年轮、这个纤维吗？顺着这个年轮雕刻下去，刻起来才顺、才光滑。

学木偶雕刻首先得学拿刀，学拿刀可以先从修光这道比较简单的工序来体会，所以一般初来的话，我们就刻一个半成品，让他拿去修；还有一个方法，从最简单的刻起，比如说刻木偶的手脚，这些比较简单。等拿刀的手法掌握了，才来学刻木偶头，这是最后一道工序。还有一个方法，就是还没有学雕刻之前，按照我们过去的程序（传统的），先学点勾线。我们学雕刻的一般是没有学过画画，不像现在学美术的，要先学素描。我们只是先简单地学一下勾线。这是第一点，第二点要学一点泥塑，用泥巴塑一个形态。为什么做泥塑呢？因为通过泥塑你才能切身感受到头部的比例关系，鼻子、嘴巴、眼睛的比例是否协调，用泥巴你塑不好还可以修补，比较容易得到训练。基础搞好了，然后才来接触木雕，在这个基础上再来学木偶雕刻比较快。（图155）

至于对五官比例的掌握，这个要看具体情况，各种角色都不一样。花脸、小生、小旦、小丑，各种形态的比例变化，引起了人物造型上各种表情的变化，都不一样。因为木偶既要夸张，又要基本符合人脸部的结构。有的地方要夸张，有的地方要突出。比如花脸，要突出嘴巴、突出眼睛；小丑有的要突出牙齿部分，有的是整个部分，它的骨架都要突出；还有瘦的跟胖的，他们比例也不一样；喜怒哀乐，各种表情一变化就引起结构上的变化。

接下来开始让他刻整个的。木偶中哪些比较好刻？这些奇奇怪怪的（神仙鬼怪）最好刻了。为什么最好刻呢？因为这些不是真实的东西，你怎么想象都可以，所以鬼怪之类的东西最好刻。最难刻的是小生、小旦这些文雅的，差一点点毛病就出来了，有的眼睛不对称，有的嘴巴歪了一点，看得很清楚。还有，你要刻他微笑啊，有的忧愁啊，要刻画得很细致，所以这些一般新手都刻不来。新手一般是刻花脸啊，刻一些武将啊，还刻一些奇奇怪怪的角色，比较好刻。这些刻得差一点，人家不感觉到怎么样。所以新手先学刻鬼怪，再学大花脸。

还有，我个人的体会是，学艺，特别是传统手工艺这种东西，往往都是老师开一个窍，具体得自己慢慢摸索，因为这个不能够手把手教的。这种又不像画画，画画是平面的，雕刻是立体的，还要凭自己的努力，凭自己的钻研。怎么去体会？这个很重要的。如果光听老师怎么说，那只是一个理论上、基础的东西，这就像我们的老师教作文，要写什么内容都跟你说了，然后要你自己组成一篇文章。他只是具体说一下，怎么组合那是你的事，组合不行他就会叫你改，慢慢的，你就懂得怎么组合了。这就跟煮菜一样，东西一样样摆在那边，怎么配，怎么发挥，就是你的本事了。画画也是这样，手艺也是这样。（图156）

» 图156 徐竹初作品：丫鬟

所以我想，传统的东西应该要一代胜过一代，一代要比一代有创新。因为传统的里面肯定包含着很多优秀的东西，我们首先要把这些优秀的东西传承好，把基础打牢，不把基本东西学好，就放心地发挥，这样就不对了。这样搞起来既不像传统，也不像卡通，叫做"四不像"。所以我们所说的创新，就是在传统的基础上如何再创新，不是说传统的东西就不能改，也不是说传统的东西就应该这样。按照我的经历，我认为应该把好的东西、传统的东西先继承好，然后再去发挥。这样，你的作品才耐看，才有生命力，人家才喜欢。所以为什么那

» 图157 徐竹初作品：阎君

些专家，包括王朝闻，他们都非常欣赏我的作品。我在中国美术馆办展的时候，当时是刘开渠当馆长，袁立洲是副馆长，具体分管展览这事的，他看到我的展览十分惊奇，他就号召那些艺术家向我学习。他说民间的东西各有各的特色，不要千篇一律，不要千人一面。所以，木偶创作离不开我们这个传统，我们的这个根。（图157）

为什么我们的木偶这么多人欣赏，主要是我们木偶的民族特色很强。世界上大多数国家都有木偶，包括非洲、欧洲、亚洲等，各国的木偶都代表了本国的特色。据说日本的木偶是从我们福建传过去的，所以它的做工、用料都跟我们的非常相似，它的做工，跟我们传统的做工一样，都很精细。但是他的造型一看就是日本的，他们的形态跟我们的很不一样。还有印度的木偶，跟他们的土人很像，包括印度尼西亚的风格，也很像他们的土人。欧洲的，英国、法国也好，包括现在的俄罗斯，还有加拿大，他们都有自己的风格。所以这个东西，他们都有一个代表性。我们中国的东西一拿出来，人家就说这是中国的，不会说是日本的，也不会说成是别的国家的。所以我说民族的特色应该保留，传统的东西应该保留，在这个基础上再发挥。（图158）

咱们木偶一般分为四大用途：一个是作为木偶表演工具，像木偶剧团演出节目，节目需要角色，木偶就是作为一种工具来使用；一个是作为工艺品，摆在家里陈列的，像关公、财神、钟馗等，作为崇拜的神偶，也可以作为装饰品放在家里陈设；还有一种是作为儿童玩具

▶ 图158 徐竹初作品：气仙

给儿童玩的，儿童玩具也可以作为一种旅游产品，像旅游点的纪念品，很多人到漳州来会买木偶回去作为纪念品；还有一种是精品，比较高档的，作为纯艺术品来欣赏，具有收藏的价值。（图159）

> 图159 竹初艺术馆内的玩具木偶

此外，从我们的现状来看，我们的木偶雕刻要生存下来，就不能只是做传统的，还要有所创新，要有新的品种，适应现代人的口味，引起人们的兴趣，这样子才能促使大家来了解这门艺术，然后再去热爱我们传统的艺术。

所以，我们艺术馆的产品一般都是以我的风格发展下去，做成比较普及的、大众化的风格。从我们漳州的木偶来看，为什么它一代传一代，传了这么多代，已经几百年了，能够长盛不衰，主要来说，它有群众的基础，有老百姓喜欢，它才能够生存。过去，我们的木偶不仅在戏台上做表演道具，而且还是玩具。过去漳州比较有名的有泥偶，小孩子可以当玩具玩。泥偶有各种角色，你买几个，他买几个，凑起来，小孩就可以自己演戏，自己讲故事，讲得津津有味。现在我们的木偶做出很多卡通人物，像孙悟空、猪八戒、小丑之类的，小孩子很喜欢。他们可以操纵木偶做出一些表情，表现一些人物的性格，自己就可以当演员。

▶ 图160 石膏做的木偶

所以，木偶作为儿童玩具是最适合的。有的玩具是固定的，玩一两次就不想玩了，但是这个木偶不一样，拿起来可以自己操作，可以做各种各样的动作，所以一个木偶可以玩很长时间。因此，我们给它安一些比较简单的活动装置，比如说给提线木偶安几根线，把木偶的嘴巴、眼睛做成会上下活动的，这样小孩子通过操纵木偶可以锻炼手指，可以启发他头脑的灵活性。就像弹钢琴一样，手指都动起来，开发智力嘛。所以，家长也喜欢小孩玩这个玩具。小孩玩的要做得比较耐用的，要不怕水不怕脏，我们就改良用那种"清喷漆"，用油漆，用油性颜料来上色。而且这种玩具的成本不高，做得比较快，当然它保存时间不会那么长，但作为一个玩具一般也不要求保存几十年。所以我们开发了很多新品种，做一些比较能被大众所接受的产品，以此来推广我们的木偶艺术。我这里有好几种材料做的玩偶，一种是塑料的，一种是树脂的，还有木头的和石膏做的。（图160）

我想，木偶要一代代传承下去，除了靠我们民间艺人去开拓市场，还有国家要重视，要多给我们一些实质性的帮助。

传承篇 2

口述人：徐惠卿
时　间：2007 年 8 月 16 日上午
地　点：竹初木偶艺术馆

小时候，我父亲在木偶剧团，工作特别勤奋，经常很晚才回来。有时候，他也带点东西回来做，我觉得很漂亮，也许是这样我才喜欢上木偶雕刻的。

我从小就很喜欢画画，我 17 岁的时候就到木偶剧团跟着我父亲。当时我父亲是木偶剧团的团长，他经常带着木偶剧团到处去演出，我就跟着他，跟到哪，学到哪。以前团里面事情很多，他除了做木偶雕刻，还有行政上也要管。这种情况下，他应该很忙，但是他性格很好了，不会因为忙大发脾气。总是这样子。我要是不懂就问他，他也很耐心地回答我。还有，他没有受到那个封建思想的迷惑，认为这个艺术只能传给男的，不能传给女的。当时我是第一个拿起雕刻刀的女同志。他就是这样毫无保留地教给了我。有时候我碰到困难，他就跟我说："不要急，要耐心，慢慢来，越急你就做得越不好。要忍住，你才会把事情有条有序地做好。"（图 161）

1978 年粉碎"四人帮"，文艺大复兴。那时刚好省艺校招收木偶班，当时只招了 15 个人，有 14 个是学表演的，只有我 1 个是学木偶雕刻，也是第一个接触雕刻刀的女同志，所以也感觉跟人家好像很不一样，因为当时拿雕刻刀的都是男同志。我也是在父亲的鼓励下大胆地拿起了木偶雕刻刀。雕刻木偶，大的要花比较大的力气，把大部位给它雕刻出来，细节的地方要很认真，一点差错都不行，要有粗有细。

我父亲一般都会从反面教材来教我，他都会从失败的方

▶ 图 161 竹初艺术馆内各种玩具木偶

面来提醒我。比如说你（给木偶）上粉，他会说你要是拿那些沉淀过的东西（调好铅粉、未过滤的颜料），笔上就会带上沉淀粉里面的沙砾。他就是这样都从反面的教材来提醒我。

在雕刻方面，他就会教我说要先把握脸的比例、结构，才能抓住人物的特征。他一般都会从简单的，慢慢过渡到复杂的。一般学雕刻，先刻脚，脚比较简单，还有握拳的那个武手，从这个入手，无形中锻炼了我们握刀的技法，了解了这些木头的纹路后才开始刻一些人物。先刻一些花脸，眼睛瞪得大大的那种。因为东西大，它的比例比较大，就不容易看出毛病来。而小生、小旦，他们的脸小小的，比例严格，容不得有一米粒这么大的一点点毛病。所以要从这种大眼睛大鼻子的开始学起，而且这个脸画得花花的，也可以掩盖脸上雕刻的缺点。

我父亲把传统的那一套全部教给我，从砍木头，到雕刻、上色、梳头，这些他都会教我。传统的木偶头上都是光光的，会粘上头发，小旦会盘点简单的头发，但也没有这些发型，这些装饰品，是我给它改进的，加上一些东西。（图162）

▷ 图162 徐竹初作品：苦旦

我进木偶班那一届学制是五年，我弟弟第二年也到木偶班学雕刻。他那一届学制是4年。我毕业半年后他也跟着毕业，一起到木偶剧团，帮我爸爸干活，当我爸爸的助手，帮忙上彩、化妆、做头饰等。我们当时在木偶剧团参与了一些角色的设计，其中有一个童话剧就参加木偶比赛，获得了全国一等奖。后来剧团跟外面的交流多了，我爸爸就经常要出省、出国。我也很喜欢跟他一起出去。我的作品也有参与我爸爸的展览，也被收藏了一些。像中国国家博物馆、中国美术馆都有收藏我的作品。我父亲虽然不爱讲话，但是因为他经常接待客人，见的世面多了，所以他见到大人物也不会紧张了，特别是讲到艺术，他经常都会讲很久，有时候讲得很兴奋。

图163 徐竹初作品：巧嘴婆

现在我也帮着我父亲雕刻一些木偶，帮忙做设计，自己也创作一些角色。我的特长主要是在旦角方面的，创作了很多这类角色。我父亲、我弟弟他们现在也开拓了很多木偶玩具和新产品，我的工作主要就是做个样品，包括设计衣服、装饰、发型等，我开个头，让工人跟着我做下去。（图163）

木偶剧团改为个人承包制后，我弟弟就自己出来做了，生产一些东西到市场上卖。也有设计雕刻一些形象，然后发展一些工人来生产。后来不是要建这个木偶艺术馆嘛，剩余的一些钱就全部投入到这里面去了。现在能够把这些工人的开支、费用支持住就不错了。不像那些待遇好的单位，可以装上空调[16]。

觉得欣慰的就是说国家对我们这么重视，还有这么多人喜欢上这门艺术。国家希望我们有时间能做出更好的作品来，我们也希望国家除了在精神上重视我们，给我们鼓励，还有希望能从物质上也给我们一点支持，投入一些资金。我们搞的这个艺术馆，接待过很多的人，但从来没有收过门票。我希望国家能把它当成公益事业（像图书馆那样），有一些投入。也不必很多，能维持它的正常发展就可以了。我相信在这个基础上，我们的艺术馆能发展得更好，会像花朵一样开得更漂亮。对于花朵，除了给它爱，还要给它施肥，给它水分。也不奢求很多，有点支持就满足了。（图164）

图164 徐竹初作品：老旦

四、创新篇：木偶雕刻要抓住典型性格

创新篇1

口述人：徐竹初
时　间：2006年8月13日上午及2007年8月31日下午
地　点：竹初木偶艺术馆

我进木偶剧团后，不断进行木偶改革，为此立下了汗马功劳。

一是对木偶形状的改革，传统木偶戏多在乡下演出，在那种小戏台演，看的人不多，所以木偶比较小，高度大约就在30公分左右吧。特别是布袋木偶，原来手脚比较短，看起来是方形的，感觉比例不协调，而且没有肌肉感。所以后来我对木偶进行适当的改变，改大到差不多45公分吧，使它的比例更协调一些；用海绵垫着身体，使它看起来有了肌肉感。可以说根据表演的要求，根据舞台需要，将它进行了一番改造。二是我们剧团要求排现代戏、样板戏，因为舞台增大了，布袋木偶要做得比较大，如果是用木头雕刻的话，速度比较慢，所以我用脱胎树脂模塑的木偶，当时经全国文化部调研后进行推广。（图165）

还有我以前提到的我们剧团到上海拍摄《掌中戏》，那些木偶都是重新制作的。当时我们年轻人对工作还是比较负责任的，导演和老艺人也给我们讲拍电影的特

▶ 图165 徐竹初作品：时迁

殊性。这些老艺人（杨胜、陈南田）年纪都比较大了，这次拍的电影应该说代表了木偶戏的最高水平吧，所以大家都很重视。去的时候刚好是过大年，坐的是早上九点多的火车。我这一去就是半年，专门制作各种各样的木偶，当时制作的都是传统的形象，主要一个是《大名府》，一个是《抢亲》，还有一个是《浪子回头》，就是折子戏，主要有这几个剧目。前几个节目表演技巧各有不同，所以我在那边包括手脚都要自己做，也按照传统木偶打蜡，后来导演说电视、电影这样子搞起来不太好，所以就想办法搞一些不反光的。

▷ 图166 《八仙过海》人物：何仙姑

▷ 图167 《八仙过海》人物：蓝采和

过去舞台上什么东西都比较落后，晚上演出点一两盏油灯，传统的木偶要打蜡，在油灯下显得精神。但是现在有了这些先进设备，灯光这么强大，如果按照传统的做法，效果就很不好。所以我在油彩、化妆上进行了一番改造，使它更符合新的舞台条件。怎么解决呢？一个就是不打蜡，还有一个就是在颜料里多放一点胶，要让它（颜料）牢固一点。这个搞起来效果还是不错的。（图166~图173）

图168 《八仙过海》人物：韩湘子

图169 《八仙过海》人物：汉钟离

当时碰到的另一个问题，就是有些木偶比较容易坏，制作跟不上。一个木偶要制作好长一段时间，一个场面要好多木偶，当时只好临时请一些上海有名的雕刻家来雕刻，但是他们雕刻起来又没有那个味道，不管怎么样，就是找不到传统的那个味道。

因为我们拍的这个戏是传统的，就得要传统的角色，他们搞不来，刻起来好像现代人一样。没办法，我父亲只好叫我加班，所以我当时除了睡觉之外，其他时间都是在加班，只有我一个人，没有其他人帮忙，

▶ 图170 《八仙过海》人物：吕洞宾

▶ 图171 《八仙过海》人物：铁拐李

所以那时候激情很高。后来把这个戏合成了，效果还是蛮不错的。

至于样板戏里，像《智取威虎山》那种，主要是模仿人戏的，不是我的原创，我是看电视来模仿创作的。我的业绩主要是把它移到木偶来，让它的眼睛大一点，让它轻一点，比较适合表演。

"文化大革命"之后，我们剧团又排了很多新戏，有《水仙花》、《真假李逵》、《八仙过海》等，《水仙花》是神话剧，因为漳州盛产水仙花嘛；也排了一些传统戏，比如说《战潼关》、《抢亲》、《卖马闹府》等。

▶ 图172 《八仙过海》人物：张果老

▶ 图173 《八仙过海》人物：曹国舅

每排一个新的剧目，我就要设计一些新的木偶形象。当时我印象比较深刻的有几个：《抢亲》、《卖马闹府》，以及后来的《真假李逵》，这些剧目里的木偶都是我创作的。像《抢亲》里有一个女的（小旦），有一个老旦（就是小旦的母亲），还有一个花花公子，就是严世藩，还有一个是武生[17]，名字记不起来了，这几个都是我比较拿手的。我刻画的丑角花花公子严世藩性格很鲜明。我怎么刻画他的？因为他是个城里人，生长在有钱人家里，比较好色，他父亲有钱有势，所以他干尽坏事，无恶不作，见到漂亮的女人就走不动了。他成天就在花天酒地，一夜都不睡，白天

》图174 花花公子严世藩

有时候在睡懒觉，吃不胖，很瘦，所以我把他刻画成瘦瘦的；而且我给他刻了两个露出来的大门牙，上面还有两撇胡须；还有脸上这两个花纹，我们闽南话叫做"鸟屎脸"(雀斑)；把帽子压得低低的，盖住脸；他整个脸的形状是上面宽宽的，下面嘴巴尖尖的，有点"狗头鼠嘴"的样子，耳朵也刻得小小的，这样就把他这个人物形象刻画出来了，由于性格很典型，所以群众也比较认可。（图174）

还有《真假李逵》[18]中我对李逵的刻画，李逵是一个英雄好汉，他比较粗鲁，我给他脸部做成活动结构，表情上下都会动，让嘴巴这么一动，两个眉毛一张开，眉头皱起来，就显得很威风，所以我用大花脸来刻画他，但他跟一般的大花脸又有很不一样的东西，我参考了电视剧中李逵的形象，在帽子、服饰上做了一些改进，比较贴近老百姓心目中的李逵形象，因此可以说刻画得还是比较成功的。

▷ 图175 钟馗

在艺术创作方面，特别是在戏里刻画人物方面，我搞了一些比较典型的人物。比如说像获过世界金奖的《大名府》、《雷万春打虎》，参加世界比赛的这些人物原创是我。这个戏演了40多年，到现在还是沿用我原创的造型，里面的人物很有特色。我的艺术馆里现在也在演这部戏，因为这部戏很有意思，不管大人小孩都很喜欢看。它有什么特色？主要是它集合了布袋木偶里的一些杂技、杂耍。那些耍盘的、耍棍子的、打花鼓的、舞龙舞狮的，都非常有趣。还有守门官的动作也很滑稽，很值得看一看。这个戏有几个典型人物，一个是守门官，还有我塑造的媒婆，大家比较喜欢的十丑。这些大家都比较喜欢，专家也比较认可的，像张庚、大画家黄胄，他们都很喜欢的这些典型人物，这些人物都收在我的书里。（图175、176）

《大名府》是新排的剧目，当时为了适应国外演出，让外国人看得懂，就采用哑剧的形式。因为它原来是唱京剧的，外国人都听不懂，特别是西欧。所以这出戏就是要通过单纯的木偶动作让他们看懂，让他们喜欢，《大名府》是当时福建文化局局长陈虹自编自导的，编剧就是原来的几个老艺人，陈南田跟杨胜。这出戏获得了很大的成功，后来到罗马尼亚布加勒斯特参加"第二届国际木偶联欢节"比赛，还得了金奖。[19]

▷ 图176 雷万春

当时我是怎么创作这些人物的呢？我主要是根据剧情来创作，还有我跟一些老艺人结合得也比较紧，像杨胜、陈南田，我们经常在一起探讨。木偶雕刻讲究的第一点是要有神气，形要有神气，演员演起来才比较好演、比较顺手。同样一个木偶，有的演起来没有神气，好像打瞌睡一样，没劲！我很注重这方面的，所以他们说我刻的木偶演起来有劲、好使。木偶的形象塑造要结合人物的表情，因为咱们木偶有静态和动态两种。动态主要是通过表演来刻画的，静态的主要是通过雕刻，所以我们塑造要能够抓住喜怒哀乐啊各种表情当中的一瞬间。表演要跟造型结合得很紧密，才能有完整的艺术性出现，如果表演再好，没有好的造型，就不是很完美的艺术。所以他们为什么喜欢跟我合作？一个是我比较随和，比较好商量、探讨，还有一个是我反应还比较快，吸收意见后能马上改进。所以他们在排练之前，这个人物要怎么做，怎么改，都和我互相探讨。比如在设计"守门官"这个角色时，我跟杨胜探讨。这个人物应该是怎样一种人。因为《大名府》这个故事描写的是《水浒》里面的一段，有一个好汉叫卢俊义，他被关在城里监狱里面。众多好汉像武松、顾大嫂、孙二娘在商量怎么样劫狱，把他救出来。怎么救呢？过去都要先进城，才能救人。他们就化装成各种卖艺的。而看门的这个守门官呢，一个是比较贪财，爱贪小便宜，一个是比较好色，喜欢喝酒，比较贪玩，还有一个是他头脑比较简单。根据这么多缺点，好汉们就装扮成各种卖艺的，有耍盘的、耍狮子的、耍大棍的、舞绸的，就是各种各样的民间艺人。到了城门口，守门官看到顾大嫂、孙二娘这么标致，就想去占点便宜；还有，他看这些杂耍看得津津有味，一高兴起来就忘光了。所以要怎么塑造这个人物？是要搞成瘦丑呢还是胖丑，还是三花丑？最后我提出来搞成胖丑，为什么搞成胖丑呢？因为瘦的人比较精明啊，胖的头脑比较简单，有一点傻里傻气的。那木偶用什么原型呢？后来我想到用小沙弥和尚这么一个原型为主要形态：两个腮帮胖胖的，还有这个头脑有点尖尖的，整个脑袋的形态像一个葫芦，显得头有点斜，有点呆呆的；鼻子刻得有点尖尖的；在脸的化妆上画了两个圆圆的白点，有点钱的味道，说明他比较贪财；眼睛刻成笑眯眯的，有点好色的样子；还有胡须是八字胡。通过各方面的刻画，把人物形象给刻画出来了，大家都觉得这个人物很适合这个剧情。还有那个顾大嫂，主要是中原妇女打扮，打扮成卖艺的，打花鼓的，年纪比较大一点。孙二娘比较年轻、比较漂亮，让她舞绸，走在前面，所以守门官看到她就想骚扰她。这些形象刻画起来，还有门框配起来，效果就很好了。（图177）

▷ 图177 守门官爱钱如命

我刻画的木偶，大家认为是我主要的代表作品的，一个是"大头"，像杂技团的小丑一样，还有一个是"白阔"，就是老翁。这个"白阔"我刻画得比较成功，因为我把他刻画得比较乐观，看起来比较善良，这个人物的身份是老家奴、管家，他是以一个劳动人民的身份出现，经常劳作，所以到了晚年就会有点驼背；他的嘴巴大大的，上面牙齿掉光了，嘴唇瘪进去，我把它刻成活动的结构，一动就是没有牙齿的感觉；还有眼睛眯眯的，很慈祥的感觉；颧骨、眉骨、下巴骨（下颌骨）这些地方搞得比较突出，因为他年纪大了嘛，这些骨头突出来，肉已经陷进去了。他很善良、很可爱，所以这些木偶形象在我的作品当中还是比较受到群众的喜爱。（图178）

还有我刻画的"恶婆"，首先她的两个眼珠圆圆的，两个眼珠向中间直视（像斗鸡眼一样），表现她

▷ 图178 大头家奴

很喜欢跟人家斗，这是一点；嘴巴有点"弓"字形的，露出了上面一排牙齿，很凶恶的样子；还有我给她梳了一个翘起来的、像独角的牛角一样的发髻，显出很好斗的样子；最后让她的两个眉毛翘上去，在两个眉毛之间刻两个小皱纹，表示眉头皱起来了，说明她喜欢跟人家瞪眼，跟人家斗。这些是我刻画的人物当中最被人喜欢的。（图179）

在我所刻画的人物当中，被人们评价最高的、最为人喜欢的，比泉州的江加走评价更高的，是小生、小旦这两种角色。小生、小旦，他们脸部的线条很简单，但是要刻得漂亮、刻得好看，就很不容易了。为了刻好他们，我想了很多，参考了很多资

▷ 图179 恶婆

料。因为我喜欢越剧，越剧里人物化妆特别好，比如说越剧里小生、小旦都化成柳叶眉、樱桃小嘴；我还参考了一些仕女图，各种形态的仕女图，特别漂亮的是瓜子脸，上面宽，下巴尖尖的，刻画起来嘴巴小小的，叫做樱桃小嘴，还有柳叶眉，一点点，像柳叶一样的，眼睛呢，是凤眼，小小的，很传神。所以，我的小旦刻得很精致、很均匀，在脸型方面显得很文雅。（图180）

我刻画的小旦跟传统的比，传统的东西比较呆板，我的变化比较多。比如《红楼梦》里的十二金钗，我做的每一个角色都不一样。比较年轻的，脸型的比例就比较短一点，年纪比较大的，比例就拉长一点，脸长一点，像凤姐的脸就长一点。

▷ 图180 小旦

还有林黛玉，性格比较忧愁，所以我把她刻得瘦瘦的，比较多病，所以眉毛刻得往下垂，显得忧虑重重嘛。宝钗就不一样，她身体比较好，比较乐观，所以两个人一拿出来，表情就比较不一样，感情也不一样，人物形象就很不一样，性格很鲜明。有时候，即使是同一个角色的，我也会根据不同的剧情，在表情上、在化妆上让她区别出来，有时候比较忧愁，有时候比较凶一点，有时候比较可爱一点，比较温和一点。在嘴角上也可以表现性格，嘴角往上翘一点就是笑，嘴角往下一点就是忧愁，都是根据具体的需要来表现。"十二金钗"我原来做了一套，被新加坡国家博物馆收藏去了，后来没有再做了。

再看看我创作的这个"娄阿鼠"。我们原来就有一个"鼠丑"的形象，但我把他进行改进，让他的性格更鲜明一些、更典型一些。"娄阿鼠"是一个二流子，吃喝嫖赌，五毒俱全，怎么刻画他？将他两颊刻得很瘦，头比较大，下巴比较尖。又尖又瘦，我们闽南话称"猴头鼠脸"，说他长得好像老鼠一样；因此他的眼睛刻得很小，不像笑生，眼睛笑眯眯的；两个胡须翘起来，露出两个牙齿，刻上老鼠的牙齿表示他很会偷吃东西；还有，他的眉毛往下垂，就是说这个人比较"飘"，就是比较轻薄的意思；因为他白天都睡懒觉，晚上才出动，三餐也不定时，饥一餐饱一餐的，所以很瘦；还有两颊贴着两块红膏药，表示他在思考怎么去赌、怎么去偷；脸色带一点黄，叫面黄肌瘦，因为生活没有规律；眉毛加了两撇，鼻子中间画的这个叫"鸟屎面"。通过这种描绘就把人物的造型表现出来了。（图181）

至于我创作的那些鬼怪，很多都是我看书时受到启发得来的，因为我有一个优点，就是我还懂得一些知识，我会读些书，看一些古诗，所以懂得比较多。以前看的戏、听的故事都融入我现在的创作之中。我有时候也跑到庙里去看一些雕塑。我们漳州过去有一个东岳庙，里面有很多菩萨、阎王、七爷、八爷、小鬼等等，我看了也受到很多启发。所以我的创作主要是来自这几个方面：一个是听故事，一个是看古诗，还有一个是听说书。原来当小孩的时候，很喜欢听故事，关于鬼的故事，听他们讲有什么鬼什么鬼，不一样的鬼，听了吓得要死，讲得有声有色，可是又很喜欢听，又怕又喜欢，很好玩。（图182）

我刻的鬼比如"柳树精"是怎么创作出来的呢？我把鬼的东西形象化，因为柳树本身是绿色的，所

▶ 图181 鼠丑

▶ 图182 柳树精

以我把它画成绿色，柳树一般比较瘦，所以就刻成比较瘦。还有蛤蟆精，我主要是在他的脸谱上做文章。蛤蟆跟柳树不一样，它比较胖，所以我用的原型是北仔（这一行当）的形象，然后在脸上画蛤蟆形状的脸谱，蛤蟆是绿色的，所以我用的是粉绿这个颜色来表现，上面点一些斑点，表示蛤蟆背上的那些疙瘩。（图183）

小鬼为什么要画成紫色的？因为小鬼生活的地方一般是比较阴森森的，带一点黑色、土色，都是在阴暗的角落里面，所以用紫色表现他的阴暗、暗淡无光。（图184）

剧团要什么形象，我就得发挥想象创作一些形象。比如《西游记》里，有很多鬼怪，像这个鲤鱼精，我把它的脑袋的形状刻成鲤鱼的样子，鲤鱼的身子像个橄榄，所以我把脑袋刻成橄榄形，加上大大的、凸凸的鱼眼

图183 蛤蟆精

图184 岳鬼

图185 鲤鱼精

睛,还有嘴巴也比较有特色,鲤鱼口,然后在脑袋上画个鱼尾巴,整个脑袋涂成鲤鱼的橘红色调,人家一看,就是个鲤鱼精了。(图185)

像龟丞相,我首先抓住它的形象特征,然后它在剧中有扮丑的样子,就用丑角来表现,比较滑稽就是了。我在他帽子上穿了一条绳子,活动的时候帽子可以甩来甩去的,观众看了都很喜欢,都在那边笑。(图186)

你再看这个寿星,额头上只刻了粗粗的几根线条表示皱纹,显得他很高寿。因为布袋戏头比较小,为了让观众看见,造型上要比较简练。线条不能太细,粗粗几条线,好像画漫画一样,大意把它勾出来,不要太写实了。(图187)

我小时候听说书,最喜欢的就是《封神榜》,里面有很多长相奇奇怪怪的,印象最深的有几个,后来有机会把他们给刻出来。我刻的杨任,让他眼睛里面长出手来,还有殷郊,长了三个脑袋,雷震子长着一张鸟嘴,还有那个申公豹割头反装,所以脑袋刻成长在背后的。这些人物都受到大家的认可,因为他们的形象即夸张又符合剧情。(图188)

▶ 图186 龟丞相

▶ 图187 寿星

▶ 图188 雷公

▷ 图189 东、西、南、北龙王

还有这个顺风耳，据说他可以听到千里以外的声音，我为了突出他的听力非常好，就给他的耳朵刻成是带着翅膀的，好像会飞一样，那这样就显示他可以听得特别远。千里眼，据说眼睛可以看到千里之外，所以要夸张他的眼睛，让他的眼睛可以伸出去，缩回来，比较夸张，老百姓一看，就说"哎，他的眼睛很厉害"这样子。

我的创造，很多是在传统基础上的创造，把传统的东西给它进行改造、发扬，比如海龙王，原来只有一种造型，现在我发展出了东、西、南、北四种。（图189）怎么区别？一个是从颜色上区别：因为东方太阳刚出来，所以东海是红色的；南海一般采用一些绿（蓝）色，眉眼比较温和，因为它在南方；北海采用白色，因为北方结冰，白茫茫的一片；西海是肉黄色，因为太阳下山在西方，不像东方太阳刚出来时颜色那么鲜亮。所以我用颜色和造型把他们区别开了。（图190）

我做的发型也有好多种，有一种叫做"面干[20]髻"，我还会刻丹凤髻，还有双角髻啊等等，好多了，别人不懂那么多。这些发型有些是祖上传下来的，有些是我自己设计的，有些是参考越剧里的。

我雕刻的木偶太多了,很多自己都忘记了,有的卖掉了,有的被人家收藏了,有的送人了。品种很多,原来我自己有总结过,还写了不少东西,只是20年前我自己写的文章现在都不知道哪里去了。但是木偶的结构都在我的心里面,什么样的角色搭配什么脸型,用什么"五形",什么"三骨",我心里都很清楚,木偶的表情变化,无非就是在这"五形三骨"上面变化,也就是咱们的五官、眉骨、颧骨和下巴骨这里,还要加一个脸型,一个眉毛。如果要细分的话,就有很多了。

比如脸型,除了一些常用的"目"字脸、"日"字脸、"国"字脸、圆脸、椭圆脸、瓜子脸,还有很多是我们闽南特有的,有"冒"字脸、"吕"字脸、"葫芦"脸、"橄榄"脸、"三尖

➤ 图190 八头狮精

181

角"脸、"猴头鼠脸"、"腰子"脸等等。

眼睛也有好多种,有丹凤眼、杏核眼、三角眼、蚂蚱眼、铜铃眼、鼠眼、斜白眼,还有蜂眼、羊眼、斗鸡眼、倒挂眼等等,每种眼睛配合的神态都不一样,看起来才有个性。

眉毛分男的和女的,女孩子有柳叶眉、蛾眉、燕尾眉等;男的分文武两类,文的有远山眉、扫帚眉、蝌蚪眉、大刀眉;武的就很多了,有什么吊眉、戟刀眉、蚊子眉、卷眉、散眉、通宵眉等。丑角的眉毛变化更多,那些扫帚眉、蚊子眉看起来都很滑稽。

鼻子分悬胆鼻、拱桥鼻、朝天鼻、蒜头鼻、烟筒鼻、鹰嘴鼻、狮子鼻、猫鼻、矮狗鼻、酒糟鼻等,悬胆鼻主要是正角的,拱桥鼻是北净行的,其他大部分是丑角、杂角的,种类很多。

嘴巴有樱桃口、杏仁口、弯弓口、水红菱口、鲤鱼口、猪哥口、尖咀、呲口、豁口(兔唇)等等。

耳朵基本上比人的肥厚一点,有时候长一点,有时候短一点,基本形一样,不用太多变化。

你看,有这么多的变化,把他们进行组合,就有更多变化了,再配上不同的衣服、帽子或者发型,就可以千变万化。但不是说可以随意搭配的,比如说我刚才讲的小旦,柳叶眉配上樱桃小嘴显得很文雅,要是配个猪哥鼻,那就成笑料了。还有拱桥鼻配上铜铃眼、弯弓嘴或者呲口,就显得很凶、很威武的样子,你就不能随便配个尖咀,看起来不伦不类。所以我们要注意选取能够表现角色性格特征的,注意找典型。

我创作的高峰期应该是90年代初那一段,因为那一段连续搞了大大小小很多展览,这样就迫使我多创作新形象;还有当时在剧团,新剧目一出来,我就得设计新的形象,所以这一段时间我创作了不少新的形象。(图191~图194)

现在除了舞台上的形象,木偶已经成为独立的艺术门类,不仅仅是在台上表演,还有独立的欣赏价值,所以我也创作

» 图191 顺风耳

图 192 千里眼

活在尪仔的世界里 第三章 徐竹初谈木偶雕刻艺术创作

图193 徐竹初作品：皇帝

图 194 徐竹初作品：皇后

了一些此类形象，比如我刚才讲过的"鼠丑"，他是《十五贯》里的人物，我们漳州没有，泉州提线木偶戏有演，闽西的提线戏也有演。还有"龙王"，还有《西游记》《封神演义》里面的很多人物。还有比如说曹操，我把曹操不同时期的形象塑造出来，比如说他落魄的时候，就是他在赤壁之战中被刘备打得落花流水，一副狼狈相，我把他的胡须刻画乱一些，眼睛往下斜，很忧愁的样子；但是他在出谋划策的时候，就变成一副奸诈的样子，笑里藏奸，眼珠集中到中间；还有他年轻的时候、老年的时候，形象也不一样。所以说我们在创作的时候，即使是当成一种装饰品来创作，也要考虑到他的典型性格，形象要有个性。

对于我来说，我主要是把传统的传承下来，再融入一些变化。基本上还是保留了原来传统的造型，在装饰上使它更多样一点、更美一点，在性格上更典型一点，变化更多一点。

创新篇 2

讲述人：徐惠卿
时　间：2007 年 8 月 31 日上午
地　点：竹初木偶艺术馆

我觉得艺术应该要完整，木偶应该包含着综合性的美，比生活中的形象更美一点。

所以我在搞创作的时候力求做到精益求精，跟传统拉开距离。比如我为木偶旦角设计的发型就有十几种，很多是我自己想象出来的，但每一种都要装饰得很漂亮。（图 195、196）

我以前经常帮我父亲设计发型，开始的时候我主要是用金和银作为装饰的主要色调，用钢线裹上线，穿上珠子，拗[21]成自己喜欢的各种各样的

▷ 图 195、196 徐惠卿作品：皇后 2007 年 9 月 2 日摄于竹初木偶艺术馆（下同）

> 图 197、198 徐惠卿作品：少女

▶ 图199、200 徐惠卿作品：小旦

造型，然后用大头针穿上一粒珠子固定住，最后把它钉到（木偶）头里面。因为发型装饰的东西很小，东西越小，就越不好表现；为了让它耐看，还不能用简单的图案去表现它，要让人感觉很复杂的样子；此外，木偶的发型还要根据性格、年龄来塑造，年龄分老、中、青，跟我们真人分法差不多；还有可以从地位上区别，有普通妇女，也有比较高等的贵妇，如宫内的那些皇后。表现高贵的人物，我就给她们装饰一些凤这些象征富贵的东西，但即使是凤，我也变换出好多种造型。平民我主要是以花来作为她的装饰品。这些珠花都是手工做的，没有机器制的，因为我们要做出与别人不一样的东西，这才是我们有价值的地方；还有可以从性格上划分，我给木偶梳头主要是凭自己的想象，加上人物的性格，这样结合起来表现。比如说白骨精，她的性格比较阴险，我从发型的形式来表现她，我用三个正中的发髻来表现她，从外表看她还是比较漂亮、高贵的。从颜色来表现，我选择蓝色，用蓝色的珠珠（竹筒珠）、蓝色的毛来象征她的阴险，用白色的珠珠来象征她是白骨。还有我一般用红色来表现好人，因为红色比较吉祥，用红色珠子串成"心"形，表明爱心。（图197、198）

▶ 图201、202 徐惠卿作品：小旦

　　我自己也设计了一些人物形象，融入了一些跟传统不一样的元素。比如这个，属于中年皇后那一类角色。她跟传统的很不一样，你可以看到她的颧骨、眉骨、下颌骨这些地方结构的起伏都有表现出来，它不是平的，传统的摸起来是平的。她主要是模仿真人，适合远距离地观看，还有如果灯光打下来，就感觉到很有立体感；还有这个眉毛的画法，是用工笔的画法，一根一根这么画起来的，它有真实的表现；她的发型也不是传统的，是我凭着自己的想象做出来的，表现她比较高贵，年纪已经到了中年。而这种发型（梳着双髻）则是表现比较天真的小女孩。如果从年龄来划分，发型可以分为老年、中年、少妇，还有少女、比较天真的小女孩这些。它的划分跟我们人的年龄划分差不多了。像中年妇女一般是把头发盘起来，至于什么名称，我还没有办法从文字上来表达，只是装在我的头脑里，要用的时候就直接发挥出来。

　　我的很多作品都卖掉了，有的被收藏了。我有空的时候也一直在搞创作，随着时间过去，我的作品会越来越多，以后我和我弟弟也是漳州木偶的传承人。我要是能做一些让大家喜爱的木偶形象，我就很满足了。（图199～图202）

本章小结

　　由于笔者学业在身，所以几度访问徐竹初都是利用暑假的时间。在南方盛夏的八九月份，在竹初木偶艺术馆狭小的工作台边，在风扇的徐徐摇头间，徐竹初打着赤膊、挽起裤管，为我这位晚辈小生示范木偶雕刻技法，不厌其烦地讲解步骤要领，顾不上大汗淋漓，也顾不上形象，真是一个实在人。

　　徐竹初似乎很不愿意有人去他家里，一直表示家里又脏又乱，不好见人。经过笔者的再三请求，终于获得同意去他家里采访他爱人。他的家就是漳州木偶剧团的宿舍，空间不大，里面堆满了大大小小的塑料袋，装满了他爱人做木偶服装的工具、材料和成品。他的爱人郑淑香也是一个很实在的人，勤劳，性格开朗，心直口快，讲起话来常常带着笑音。从他们生活的环境可以看出，他们俩一心扑在事业上，对物质生活没有太多的奢求。

　　徐竹初的女儿、儿子也都把精力投入到木偶行业中。跟其他民间工艺产业一样，徐竹初木偶雕刻事业成功，是一个家族共同努力的结果。家族中的每个人，都是构成这个产业链条中不可缺少的一环：徐竹初擅长木偶雕刻，爱人擅长木偶服饰，女儿擅长木偶发型设计，儿子除了雕刻，还擅长开发木偶市场。如此完整、合理、有序的分工，使得徐竹初的木偶雕刻事业取得了越来越高的成就。

注 释

[1] 闽南语，形容水开得很急，滚烫，好像在一直滚动。

[2] 用一种自制的工具，扁形的金属棒，一头比较尖，形状很像镊子的一条腿。

[3] 泉州木偶制作时也有水磨这道工序，但用的是"毒鱼皮"，根据泉州著名雕刻家黄义罗的讲述："毒鱼皮的学名是什么我不知道，闽南人称它毒鱼，是深海的一种鱼，产量很少，听说快灭绝了。一张毒鱼皮只能用十几次。我有个亲戚在海上作业，我常常托他留心帮我收集一些。因为普通的砂纸过于粗糙。"

[4] 第一遍补好了，放着晾干，边观察，等着补第二遍。

[5] 闽南语，干干涩涩、没有光泽的意思。因为矿物质颜料不像油画颜料，本身就没有光泽。

[6] 长条形的木板，一端放蜡，一端架在两腿间，用腿夹着。

[7] 花旦、武旦等旦角化妆时都要在额头上贴片子。

[8] 闽南俚语，做做停停，没有耐心。

[9] "补"是以明朝官服为原型，按官品高低所绣动物分别为：仙鹤、锦鸡、孔雀、云鹰、白鹭。

[10] 即京剧中的"靠"，漳州布袋戏模仿京剧，所以也有很多打扮跟京剧一样。

[11] 衣领为右襟，指大领右襟宽袖的长衫，亦称褶、寒衫，通用于贫富书生及清闲阶层的人。

[12] 褂子是以清朝汉人服装为原型，宽大的袖袍使动作富于夸张色彩。

[13] 指绣花用的工具箍，一般为竹子做的圆圈，一副有两个，一大一小，大的内径等于小的外径，用时大的放在布上面，小的在下面，两个夹着布套起来，把布往外拉紧了。目的就是把要绣花的那部分布拉紧了，绣出来的针脚才会平、匀，否则就很容易皱起来。

[14] 闽南语，很漂亮。闽南人说"这个女孩很水"，就是说这个女孩很漂亮、水灵灵的意思。

[15] 指衣服腰带中央凸起的这个兽头，按照武将的等级，有龙、虎、狮、豹等。

[16] 竹初木偶艺术馆至今仍然用电风扇驱热，即使是在夏天最炎热的时候。

[17] 《抢亲》描写一个花花公子，北宋宰相严嵩的儿子严世藩和几个打手到庙会寻事。他看中了小家碧玉卢瑶琴，求亲不成，就动手抢。少年英雄刘廷飞前来救助，把严公子一班人打得跪地求饶。武生即刘廷飞。

[18] 改编自《水浒传》，讲述了梁山好汉黑旋风李逵，回家探望老母，途中遇一黑大汉拦路抢劫，并自称是"黑旋风李逵"，两人就动起手来。假李逵哪是真李逵对手，就谎称自己家有八十老母，李逵于是放了他，后来李逵住店的时候住到了假李逵家，假李逵同他老婆计划趁李逵睡觉的时候烧死李逵，被李逵发觉，就把假李逵及其妻杀了，把黑店烧了。

[19] 《大名府》是一出以特技表演著称的传统木偶名剧，它讲述的是宋朝年间，梁山农民军的头领们，为了搭救义士卢俊义，在元宵节晚上，化装成卖艺的、卖唱的、打猎的、耍狮的，把大名府的城门官和衙役作弄一番，混入城去的故事。这出木偶名剧把中国的传统武术、杂技和戏曲艺术巧妙地结合在一起，剧目已演出达数万场，备受观众喜爱，被喻为漳州布袋戏的明珠。

[20] 闽南人很喜欢的一种面食，将面压得跟线一样细，盘成扁扁的一团，拳头大小，晒干了，可放置较长时间。

[21] 弯曲，定型。

第四章

徐竹初谈他的事业和对未来的展望

本章综述

作为一名著名的木偶雕刻家，自觉或不自觉地，徐竹初承担起了民间艺术交流活动的使命，足迹踏遍祖国各地，在韩国、法国、德国、新加坡等几十个国家和中国台湾、香港地区，举办了无数次的木偶雕刻艺术展览，其作品被称为"东方艺术珍品"、"活的文物"等等。

1997年，徐竹初在漳州延安北路花园大厦四楼创建了"竹初木偶艺术馆"，这是中国第一家专业木偶艺术馆。他自己招聘学员，自己培养徒弟，自己带团演出。作为一个交流的平台，艺术馆先后接待了无数的国家领导、艺术家和外宾。然而，通过他及其家人的讲述，我们尴尬地看到，在他风光的背后，他们是如何艰难地依靠自己的力量在坚守着传统民间艺术。这也不禁让人思考，我们要如何去对待我们的传统艺术？

一、交流篇：他们称我为"活的文物"

口述人：徐竹初
时　间：2007年8月16日下午
地　点：竹初木偶艺术馆

因为我经常随团（有时候是自己带团）到全国各地去演出，到国外去演出，所以也经常跟一些人交往，各种各样的人都有。许多人也来我们团交流、观摩，到我的艺术馆参观，所以我跟很多人都有来往。此外，我经常被邀请到全国各地、国外去演出，有德国、澳大利亚、美国、日本等。许多国家领导人都很喜欢我雕刻的木偶，他们很关心我，还给我题词，给我很大的荣誉。

像徐向前，当时我是小孩的时候就来看过我。我记得当时是1955年吧，我因为参加了"全国首届少年儿童科学技术和工艺作品展览会"获得特等奖。后来徐向前就带着中央新闻电影制片厂的人到漳州，给我

▷ 图1 徐竹初作品：三头吕岳（正侧面）

拍摄了《少年雕刻家徐竹初》。我当时还托他带两个木偶送给毛主席，毛主席的办公室回信表示对我的感谢。那时小孩了，不懂事。（图1）

我作品参展的时候，郭沫若看了很惊讶，当时他夸我说我雕刻的"木偶头神情逼真生动"。还让中央美院的那些教授好好培养我，初中毕业后学校要保送我去中央美院读书也是因为郭老的话。后来我们到北京演出，他看了非常喜欢，就我们的表演写了一段话，夸奖我们演得很好，对我的木偶雕刻，他写了六个字，"创造偶人世界"，很精辟，我非常喜欢。后来1962年的时候他到厦门鼓浪屿搞备战，调我们木偶剧团去厦门演出。我去以后送了他一个小生，就是《西厢记》里的张生，他说张生是单身，不行，要我再送一个小旦配成对。"文化大革命"初期，我们在北京政协礼堂开会，他接见了我，我补了一个小旦给他，他很高兴地对他夫人说："这下子张生与崔莺莺又团圆了！"可惜当时没有拍到照片。（图2、3）

▷ 图2 郭沫若为徐竹初题词"创造偶人世界"

后来我进了南江木偶剧团。我刚调到木偶剧团时，就碰上剧团到处巡演。所以每年都到一些地方去。剧团第一次出国是在1960年，当时我们团和泉州市木偶剧团联合组成一个团叫做"中国木偶艺术团"，代表我们中国，到罗马尼亚的一个省，叫布加勒斯特，参加"第二届国际木偶联欢节"，我们团参赛剧目一个是《大名府》，一个是《雷万春打虎》。《大名府》这个剧目很有意思，它是杨胜、陈南田几个老艺人利用晚上的时间，临时像聊天一样聊出来的，没想到这个剧目最受大家欢迎了，演了五十几年，到现在还在演，大家都喜欢看。后来还得了个金奖，剧中角色都是我跟我父亲设计的。

1961年我到上海参加上海美术制片厂拍摄的

▷ 图3 徐竹初作品：小旦 2007年8月31日摄于竹初木偶艺术馆

活在尪仔的世界里　第四章 徐竹初谈他的事业和对未来的展望

> 图4 徐竹初作品：杨戬 2007年8月31日摄于竹初木偶艺术馆

《掌中戏》，制作了《大名府》、《抢亲》、《浪子回头》等剧的角色，并根据电影拍摄对木偶进行改革。因为角色太多，来不及做，所以请上海一些当时也是搞木偶雕刻的，名字我记不起来了，记得他们搞的东西都比较现代，传统的他们搞不来，后来还是得我自己做。也是因为做了这些木偶角色吧，所以我回来后，就评上了"木偶雕刻师"，当时是福建省文化厅考核审评的。（图4）

之后我们的剧团就一直到各处去巡演，去的地方很多，过了这么久，我都忘得差不多了。只记得当时大城市有广州、海南、南宁、武汉、上海、北京、哈尔滨，从南到北，走了很久，主要是作巡回演出。1963年的时候，我带团到海南岛，当时叫慰问演出，去了近四个月，到各个农场去。我当时是木偶团里的小头头，当演出队队长。我们把海南岛都走遍了，大大小小的地方都去，通过少数民族地区，从南到北，经过中部的五指山，有黎族、苗族等等很多少数民族，他们生活上有不定居的，有半定居的，靠打猎生活，当时那个地方算是比较落后、荒凉的。我们的演出都是实况演出，为了让他们看懂，有时用我们漳州话唱，有时用普通话唱，但主要是靠技术吧，有的海南话我们也听得懂。它那里的气候跟我们闽南这里不大一样，属于热带地区吧，天气很热。岛上到处是椰子树，我还买了椰子做的那种手工艺品带回来给我小孩玩。（图5）

接下来是1964年，英国木偶剧团来我们团交流，那时是"文革"前，经常有外国宾客过来，当时欧洲有很多木偶剧团，但是以提线（木偶）为主。他们来的目的一个是看我们表演，一个是看我们制作，一直夸奖我们的表演技术很精湛，造型也很优美。他们的木偶都比较简单吧，没有像我们做得这么精致。

1965年，日本有个很著名的学者叫做宫原大刀夫的，你有听说过吗？他到我们木偶剧团访问，也有到泉州木偶剧团访问，他们日本人称木偶为"人形"，说法跟中国不一样。他

> 图5 1963年徐竹初带团到海南岛演出

自己是日本铜锣湾木偶剧团的团长，但是对泉州的提线戏和我们漳州的布袋戏表演佩服得不得了，他对我的木偶也很喜欢。但他主要是考察演出方面的。（图6）

之后"文化大革命"开始了。我以前谈到，"文化大革命"开始的时候，我们的木偶剧团被强行解散了，还好因为漳州的木偶很出名嘛，所以就还保留了木偶演出队，为了宣传革命思想嘛，我就当了这个文艺宣传队的队长，到处去演出，特别是到福建的各个乡下，到别的省，演出革命样板戏，比如《智取威虎山》之类的。我们宣传队演的是样板戏，因为是现代戏嘛，所以跟以前很不一样。什么不一样呢？一个是形象、造型跟传统的布袋木偶很不一样，这个我已经讲过了；还有一个是身段也不一样。原来木偶穿的是古装（长袍或裙子），衣服把脚都盖住了，演的时候看不到脚，现代戏人物穿裤子，演（戏）的人手臂就露在外面，看起来好像长了三只脚，群众看了就笑，说怎么木偶有三只脚！后来我们给木偶做个披风，穿上外套，给女的也穿上长袍，或者做个围裙给她穿，这样效果就好多了。当时也没有电视机，电影也很少能看得到，所以我们每到一个地方，观众都非常多，整个村子都围过来了，我们演得也很带劲。（图7）

▷ 图6 1965年日本木偶专家宫原大刀夫到漳州木偶剧团访问

▷ 图7 木偶剧《小放羊》剧照

50年代的时候我们就已经去过北京，1966年初又去了北京，有一些外宾也来看我们演出，其中有一个巴基斯坦的文化代表团，对我们的木偶造型很感兴趣，当场表示要我去他们那里传授木偶雕刻艺术，后来因为"文化大革命"来了就没去成。

那次我们在北京一直待到"五一"节后，"五一"节那天我跑去天安门参观，拍照留念，所以印象很深。当时我才20几岁，头发也很多，不像现在，头发都没有了。那时还是"文化大革命"初期，我们是坐火车去，我到著名漫画家华君武家中去拜访他，我送他木偶，他很高兴，将木偶一直摆在他家客厅的最前面，放了很久。他人很客气，虽然是个大家，但还是蛮客气的，1992年我到美术馆办展，他也有过去看，对我的东西很感兴趣，认为我刻的木偶非常性格化、多样化，这跟他画漫画也很相似，所以他很欣赏我的作品。（图8）

> 图8 1966年徐竹初在天安门留影

"文化大革命"以后我们剧团又恢复了，恢复后第一次出国是在1979年1月份，当时我是副团长，带我们团到澳大利亚参加霍巴特国际木偶傀儡戏联欢节，去了很多个省，什么墨尔本、悉尼，还有堪培拉，这些地方都是澳大利亚比较著名的城市。当时我们团长是金能，主要演员有庄陈华、陈锦堂、杨烽。因为当时是"文化大革命"结束后第一次出国，第一次恢复传统戏，所以准备得也比较充分。各国的人都去了，每个国家演的风格都不太一样，不过我感觉我们闽南地区的木偶最有传统的韵味，演技也非常好，所以人家评价也非常高。当时悉尼市的市长也过来看演出，原来澳大利亚共产党主席叫什么"西也"（音译）的也跑过来看，观众反应很热烈，我当时主要在台下，演出时帮忙布景、搬道具，所以看到很多观众的反应都很好。他们人都很友好，有的老太婆会跑过来跟我们说一些祝福的话。最大的感觉是他们的环境非常好，绿化也非常好，对妇女很尊敬。他们生活得很好，每个人家里电器、冰箱、电视、汽车都很普遍。我第一次看到彩色电视就是在那里，黑白电视都扔到垃圾堆去。你想想，我们当时国内什么东西都要凭票供应，看到他们东西供应那么丰富，就很羡慕！没想到我们改革开放以后，东西也这么丰富，什么都有了。还有那里给我的感受就是人跟自然很亲近，动物也不怕人，你看，我们剧团的人还跟他们的袋鼠合影，它也不

怕我们，跟我们靠得很近。（图9）

我去过的国家很多，除了刚才讲的澳大利亚，还去过德国、法国、韩国等等，新加坡就去了两回。还有我国的台湾、香港地区，改革开放后才去的。

1987年，香港文化交流促进中心邀请我和泉州木偶剧团的黄连金在香港三联书店举办木偶雕刻专项展。所以我们就一起去了，在三联书店开讲座，在文化交流促进中心举办了"福建木偶艺术展览"，还有到香港博物馆办展，好多外国人也都来看。当时美国新闻署署长柯鲁

≫ 图9 1979年徐竹初随漳州木偶剧团到澳大利亚参加霍巴特国际木偶傀儡戏联欢节留影

给我们主持揭幕仪式，香港亚洲电视台和无线电视台都进行了现场采访直播，还有几十家报纸报道了这件事，引起了很大的轰动，很多香港市民都带着小孩来观看。（图10～图12）

≫ 图10、11 1987年，美国新闻署署长柯鲁为"福建木偶艺术展览"主持揭幕仪式 徐强摄

≫ 图12 徐竹初在香港三联书店开讲座 徐强摄

第二年我又去了香港办个展,是我们福建同乡会漳州同乡会邀请的。金庸也去参观了我的作品,很感兴趣。刚好他女儿是香港民报社的编辑,来采访我,他就让他女儿叫我到他的别墅去玩,他还送了很多他的作品给我。见面后他说我对中国的传统人物研究得很深,鼓励我要好好发扬中国传统文化。他人很和蔼,非常健谈,知识面很广,对历史了解很透(透彻)。谈到历代人物造型,他说我的造型在传统的基础上比较夸张,很有特色,木偶的线条明朗,每一个木偶的个性都很突出。我们大概聊了几十分钟吧。后来我回家后,别人还问我:"你真的认识金庸?"我说:"认识啊,还送我书,《书剑恩仇录》,上面还写了字。"人家看了就相信了,因为当时大陆还不能发行他的作品。(图13)

也因为我到香港办了这个展览,所以后来我被邀请到台湾办展览。因为当时台湾人不能来大陆嘛,他们跑到香港去看这个展览,

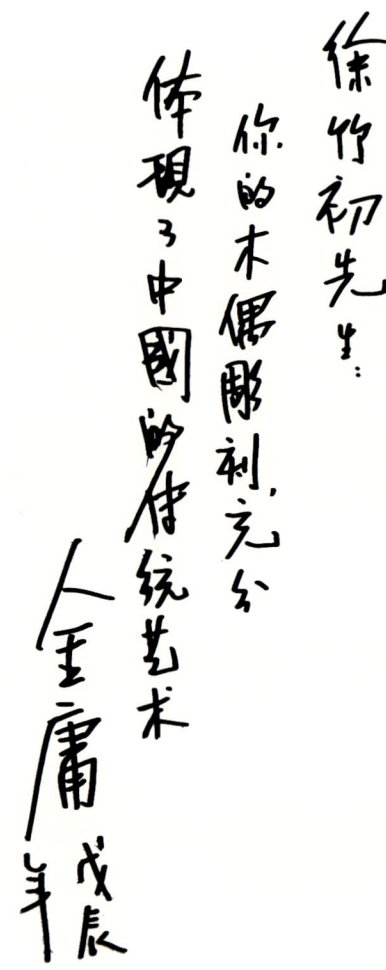

> 图13 金庸为徐竹初题词

跟我这个人也有所接触。看了这些木偶他们感到很新奇,说:"哎,大陆不是把这些传统艺术全部都灭掉了,都消除掉了,怎么还有这么好的传统艺术?"看了都很惊奇,要求我到台湾办展。但因为我们大陆不能直接到那边,所以通过香港运到台湾去展览。当然,他们也邀请我去,但是因为我们跟台湾也没有什么来往,所以我就没去。所以当时报纸就有报道,说我是大陆第一个在台湾办艺术专展的人。(图14)

> 图14 上世纪70年代末徐竹初随团到上海演出留影

▶ 图15 金门"县长"陈水在参观徐竹初木偶雕刻展 徐强摄

后来到了1991年,"台湾泛美有限公司"的人就一直申请让我到台湾办展,拖了两年我才去成。1993年的时候终于批准我去台湾。去了以后呢,我的展览引起了轰动,很多布袋戏班的跑来看,普通的老百姓也都跑来看,可能这是他们家乡原汁原味的东西吧。以前因为消息不灵通,他们对大陆有很多误解,认为我们大陆这些传统的东西全部被破坏掉了,所以现在一看到这些,都很惊奇,也很开心。因为第一次去台湾嘛,所以我就参观了很多地方,跑去阿里山等地方,觉得风景很美,玩得很开心。

在台湾展完了以后,他们还邀请我去金门办展,"巡回展"嘛,费用都是他们台湾公司出的。当时金门县"县长"陈水在也跑过来看我的展览,跟我合影留念。所以金门我是第一个去办展览的。金门的木偶艺术也是从我们闽南传过去的,所以他们在一些节日里也要演木偶戏,风俗跟我们很多是一样的,有些传统保存得更好。所以他们也很喜欢我们的木偶艺术,他们说从来没见过这么好看的木偶。(图15)

后来到2002年春节(2月8日)的时候,我跟我儿子徐强又去台湾办了一次展览,这次是到台湾的高雄市,当时刚好举办"高雄春节民俗技艺展览",邀请我和儿子去举办木偶展览表演,当时台湾高雄市"市长"、台湾国民党"秘书长"吴敦义特地过来参观我的展览。我看到他们的中小学都开设有木偶艺术兴趣小组,还做了很多这方面的研究,木偶艺术进入他们小学的课本,觉得很欣慰,我们的艺术有人欣赏、有人喜欢,这样子也加强了我对我们这门艺术的信心。现在我们大陆对这方面也开始有所重视,像我的木偶雕刻还编入《福建省小学乡土教材》,小孩子也能懂得一点点我们的传统艺术了。[1](图16~图19)

图16 2002年台湾高雄"徐竹初木偶雕刻艺术巡回特展"海报

图17 台湾高雄市"市长"吴敦义参加此次展览开幕式 徐竹初提供

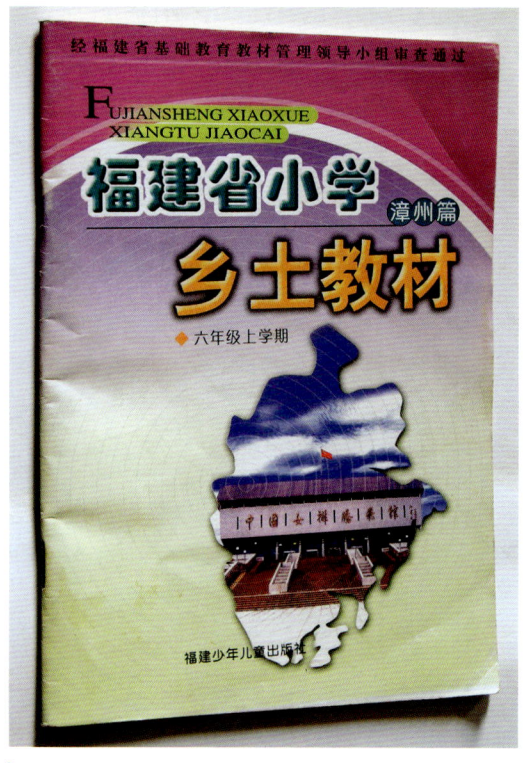

图18 《福建省小学乡土教材·漳州篇》其中一章专门介绍徐竹初的木偶艺术

图19 2002年徐竹初与徐强参观"国父纪念馆"

图20 改革开放后台湾记者首度访问大陆艺术家徐竹初 台湾《自立晚报》媒体摄

我还是大陆第一个接受台湾记者访问的（人），台湾记者点名要采访我。（图20）

其实改革开放那会儿，台湾很多人就跑回大陆来，我们不能随便去，但是他们比较容易来。因为经过"文革"那么多年，台湾的木偶大部分都破旧了，他们又没有几个雕刻得好的，所以等到两岸可以交往了，就回到大陆订做木偶，很多人都跑来我这边来订做。像李天禄[2]、黄海岱、许王，都是非常出名的，他们都很喜欢用我做的木偶。

1988年，李天禄来我的工作室拜访我，跟我聊天、交流，向我订购木偶，他很喜欢我的木偶。平时他儿子也会过来，他们长期跟我们有业务往来，他们要什么木偶，传统的还是新形象，都会来订做。他跟黄海岱都是国宝级的人物，台湾还有一部电影专门拍摄他的艺术生涯的，叫做《戏梦人生》，导演是台湾很著名的侯孝贤，为了拍摄这部电影，侯孝贤还两度跑到我家里，一次是在80年代，还有一次是在1993年，他主要是跟我探讨木偶形象的塑造，还有一个是借用我家里祖传的布袋戏台，就是我现在木偶艺术馆摆着的那个，叫做"彩楼"，是传统的布袋戏台。据说，后来这部电影还获了一个什么国际大奖[3]。（图21～图23）

图21 1988年台湾著名木偶表演艺术家李天禄到徐竹初工作室访问 徐强摄

图22 1988年台湾著名导演侯孝贤到徐竹初工作室与徐竹初探讨木偶艺术

图23 这座布袋戏台（彩楼）曾出现在《戏梦人生》这部电影中

还有许王[4]，台湾小西园的，也是很著名的表演布袋戏的大师，他是在1990年7月份的时候到我的工作室来，跟我交流。他把我当成朋友，给我留言，写的是"小巧妙技交贤友，西园掌艺结良缘"，我看了很高兴，他们喜欢我的木偶，我就很高兴了。（图24）

黄海岱[5]是台湾"五洲园"的班主，很出名的一个布袋戏班。他到我这里来过两三次，一个是1991年10月份的时候，他到我的工作室参观，看完了很开心，夸奖我的木偶作品"巧夺天工"。1995年的时候，他又来了一次，一个是交流，一个是跟我订做一些木偶，普通的木偶他用不惯（习惯）。当时他都90多岁了，他是去年才过世的，活了107岁。他儿子叫黄俊雄，在台湾非常有名，金光布袋戏就是他首创的。他们父子跟孙子都

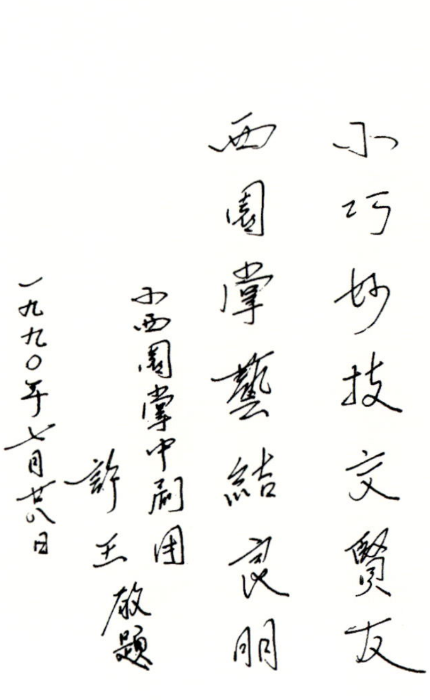

图24 许王为徐竹（误写为"得"）初赠言

非常有名。黄海岱对艺术精益求精,为人很好,很健谈,对我评价很高,他说他见过很多木偶,但很少有像我做得这么生动的。(图25、26)

此外,还有其他一些台湾商人,跟我订做木偶。

90年代初的时候,靳羽西也过来了,她是国际著名的华裔主持人,她当时为了给我拍片,到我剧团的工作室来,当时拍的片叫做《看东方》,这是她主持的一个栏目,主要是拍木偶历史,还有木偶雕刻过程。她拍片非常精益求精,强调拍真实版,我讲了一些什么,她就一直追问:"肯定是不是这样?真的是这样?"她的普通话还是有一些口音的,然后我就说:"肯定是这样!是真的!"她人很有风度,特别是头发,很有特点。因为她走过世界很多地方,所以对世界各地的风土人情都很了解,知识很丰富,听她讲话很有意思。她对木偶很感兴趣,后来她自己在上海办了一个很大的芭比娃娃玩具厂,不知是不是因为喜欢木偶的关系。(图27)

图25 1995年台湾著名木偶表演艺术家黄海岱到徐竹初工作室访问

图26 黄海岱为徐竹初题词

图27 上世纪90年代初靳羽西到漳州木偶剧团拍《看东方》时留影,从右到左依次为:徐竹初、庄陈华、朱亚来、靳羽西、庄寿民、陈炎森、吴德星 《看东方》剧组摄

1996年的时候，福建省到法国巴黎办艺术展览，我作为一名代表也到那边去参观，去的时间很短，就两天，头尾合起来三天，参观了很多地方，卢浮宫、凡尔赛宫等，人家西方的艺术很早的时候就相当的发达，保存得很完整，老百姓对艺术也很欣赏。我看到了米开朗基罗的作品，还有罗丹、凡高的作品，原作都看了，非常好。我看了就觉得人家做得很逼真，特别是米开朗基罗的雕刻，很写实，非常传神。所以我当时就想，他的一些东西也可以拿过来借鉴，比如说我们要雕刻现代人物的时候也可以借鉴他的手法。毛主席不是说过要"古为今用，洋为中用"吗？我们传统艺术也要学习一点西方的艺术。（图28）

第二年（1997年），我跟我们漳浦好几个剪纸的艺人，还有泉州木偶剧团的黄奕缺，到德国美因茨去参加福建和德国举办的文化周活动，我们主要是做展销活动，捷克、罗马尼亚一些代表也有去。德国的一些人也邀请我们到他们家去，给他们收藏的木偶作鉴定。他们欧洲的木偶不像中国的那么精致，他们的比较简单，很多是纸做的。（图29~图31）

> 图28 1996年徐竹初到法国巴黎办展留影

> 图29 1997年徐竹初与著名木偶表演艺术家黄奕缺到德国美因茨办展

▷ 图30、31 1997年到德国美因茨办展留影

1998年,联合国教科文组织来我们福建参观,他们参观完土楼,又来我这里,他们说我是"活的文物",说这是"艺术的活文物",要中国政府好好保护,叫中国政府加以扶持。

我举办的个展太多了,很多都记不清楚了,平时也没有整理出来。讲的这些都是印象比较深的。国内的展览印象最深的是在美术馆那次。(图32、33)

▷ 图32 1992年徐竹初在中国美术馆举办木偶雕刻展览开幕式

▷ 图33 李寸松为徐竹初木偶雕刻展览写的前言

1992年的时候，中国美术馆邀请我去办展览，当时来的中央领导人有陈丕显、项南等人，陈丕显是（全国人大常委会）副委员长，是老革命了，已故了，原来是上海市市委第一书记，项南是当时我们福建省省委书记。我在美术馆的东南角大厅办展，和邓小平的女儿邓林同时办的，她在西北角大厅。原来预定我的展期是10天，后来大家一直要求延期，所以一直办了20天。我国著名的雕塑家、雕塑界的祖师爷刘开渠参观了我的展览，给我题了词，他写的是"精雕细刻，入木三分"，因为他是雕塑家，所以给我这个评价，我非常高兴。当时美术馆还特地给我开了一个研讨会，邀请王朝闻、张庚这些著名的学者。他俩都是中国艺术研究院很著名的学者。张庚是研究院的副院长，大戏剧家，他有很多著作。他祝贺我，说我雕刻的木偶"栩栩如生"。这次研讨会是由当时美术馆副馆长杨力舟主持的，他号召画家向我学习，不要千人一面。当时还有专门的研讨会记录，书面打印出来，也给我一份，不知放哪了。参加的都是些中央美院、清华美院的教授，我回忆得起来的还有著名的漫画家丁聪，他给我题词，写的是"神情兼美 精妙绝伦"，用毛笔字写的，他的字很漂亮。还有廖冰兄，还有一个著名的画家，名字我想不起来了，总之，很多就是了。（图34~图36）

▶ 图34 张庚为徐竹初题词

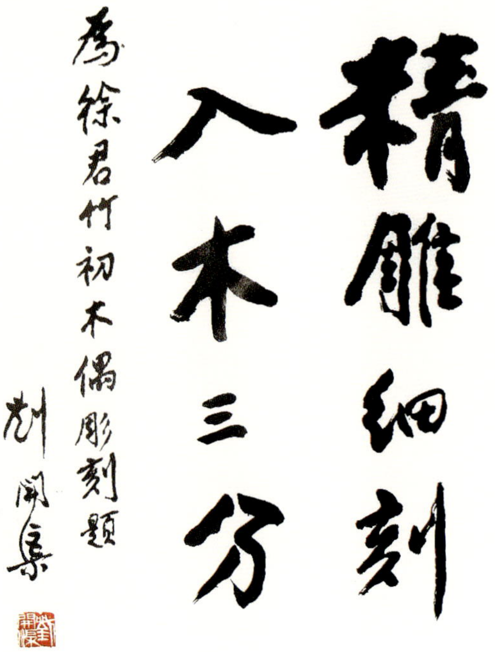

▶ 图35 刘开渠为徐竹初题词

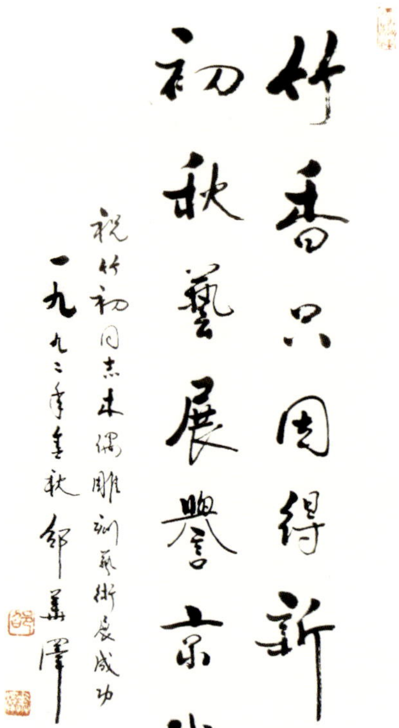

▶ 图36 邵华泽为徐竹初题词

因为办了这个展览，所以1993年的时候韩国那边就通过文化部邀请我跟其他的一些艺术家到韩国办展，展览总的一个名称叫做"中国艺术展"，里面有一些我的木偶作品，还有一些复制的兵马俑（陕西的兵马俑）、泥塑、灯具。当时去了半个多月，也游览了一些地方，韩国人跟我们长得差不多，但是主要是语言不通，所以也没怎么交流。但是他们人都很友好，当时不是台湾国民党的"使馆"刚撤走不久嘛，我们的大使馆刚建立，我们去了那里，人们对我们都比较友好。（图37、38）

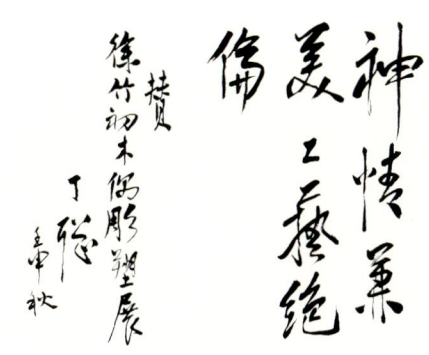

▶ 图37 丁聪为徐竹初题词

1996年我到新加坡国家博物馆举办木偶展览，当时是新加坡的教育部长邀请的，当时博物馆的馆长、陈嘉庚的儿子还有中国驻新加坡大使都来参观展览。他们非常喜欢我的作品。后来在2003年的时候，他们又邀请我去，我带着我女儿去办展，他们为我专门开设了一个专馆，叫"徐竹初木偶艺术专馆"，里面收藏了我200多件作品。作品是属于半赠送性质的，有一点补贴。这次新加坡总理李显龙也来了，他对我们的传统艺术很赞赏，我就说感谢他过来关心我们之类的话。他很高兴地对我和我女儿说："来，我们合个影吧。"因为来了领导人，所以围观的人很多，还用围栏给隔开，整个会面过程大概有半个多小时吧。（图39、40）

1997年，我自己的木偶艺术馆开馆了。馆名是启功给题的字，1993年给我写的。我怎么认识他的呢？我是通过王朝闻认识

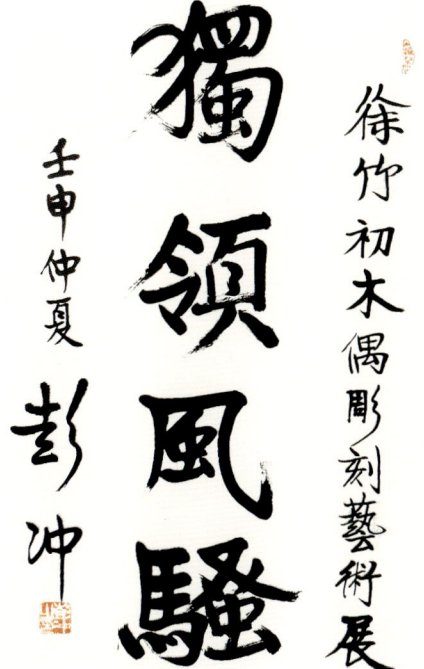

▶ 图38 彭冲为徐竹初题词

▶ 图39 1996年徐竹初在新加坡国家博物馆举办木偶展览

▶ 图40 2003年徐竹初在新加坡国家博物馆开设个人木偶专馆，新加坡总理李显龙特意来参观并留影

的，王朝闻跟他很要好。我叫他题字，他亲手给我写了。因为他下面有个基金会，有时就叫这个基金会替他写，但这次是他亲手给我写的。（图41、42）

我很早就认识王朝闻了，我原来在北京搞过一些小展览，当时一些艺术家看了就很感兴趣，我也听说王朝闻很感兴趣，因为我们是小人物嘛，也不敢找他。后来我要出一本书[6]，关于我的木偶雕刻，就斗胆给他写了一封信，没想到他就给我回信了，他首先赞扬了我的木偶雕刻艺术，然后说很乐意接受我的请求。我陆续寄了几次我的

图41 徐竹初作品：天王

图42 徐竹初作品：观音

木偶资料给他，他也给我写信。这个前言他写了好几稿，还问我有没有哪里需要补充的，他很谦虚，一点也没有大人物的架子。后来我到北京找他，跟他夫人说我的名字，他一下子就接见我了，当时很多人要见他都要排队。还有，他也很少给人家写序言，大画家黄胄也叫他写，他都不肯。后来有一次我到北京，黄胄请我去他的炎黄艺术馆，对我说："你面子好大！我请王朝闻给我写序言他都不肯，还给你写了。"所以说他对我们民间艺术很重视，很关心爱护！

他给我写的序言叫做《值得自豪》，写得比较长，信我现在还保留着，他写得很认真，我很感动，木偶馆开馆，我就把他给我写的前言挂上去，因为我觉得他写得很贴切，把木偶的特点写出来了。他给我写的另一篇文章是《值得自豪的白阔雕刻》，曾经发在一本杂志上，这是一本很有名的刊物。他谈我的木偶雕刻，主要是说有静态的美，也有动态的美，是静态与动态的对立统一。他对我雕刻的小沙弥、鼠丑、白阔这几个角色最欣赏，认为他们的夸张变形很符合舞台戏剧效果，又具有很强的观赏价值。我觉得他的观点特别能点出木偶的特殊性，因为木偶雕刻跟一般的雕刻不一样，它不仅可以欣赏，还要考虑到舞台的效果。比如我刻的雷万春，嘴巴刻成"弓"形的，台下的观众从正面看到他，就觉得形象很威武，让人一看就觉得他是一个英雄好汉。所以我把他写的作为我们艺术馆的前言。（图43）

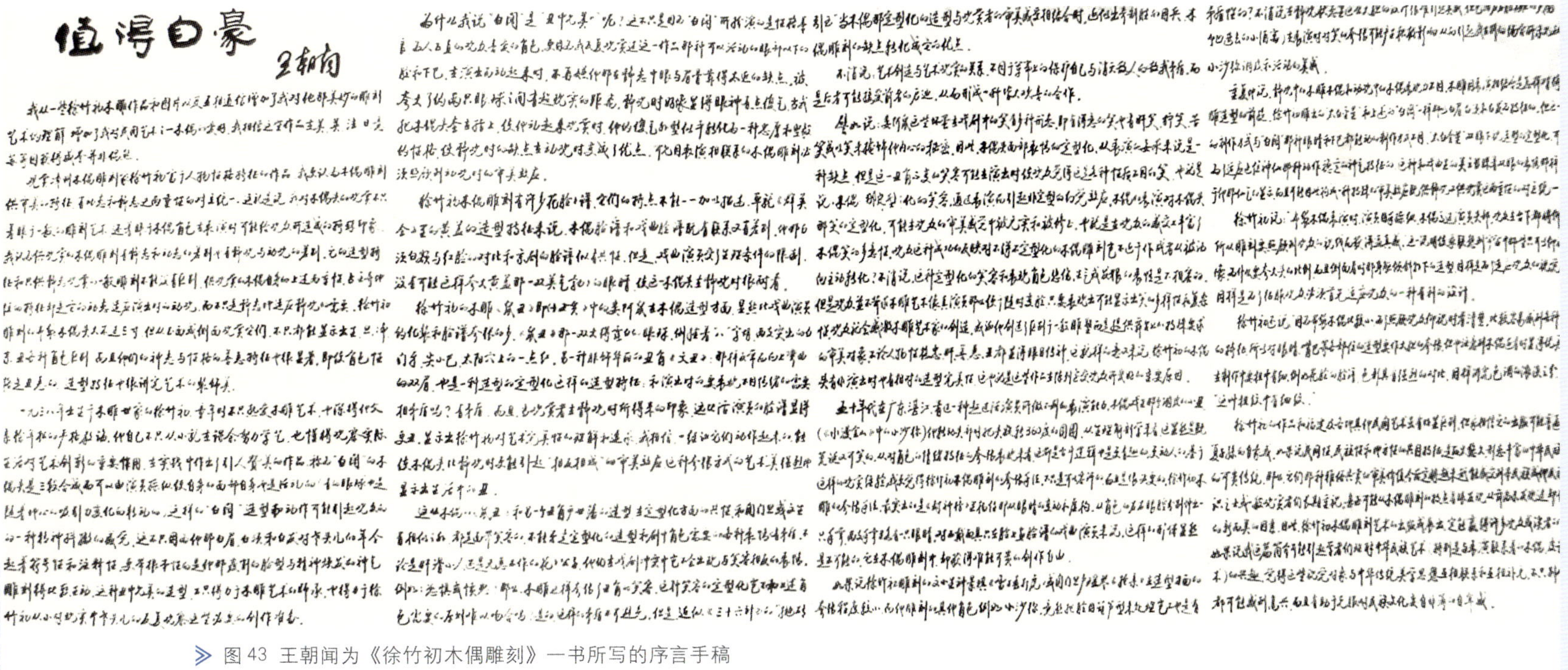

>> 图43 王朝闻为《徐竹初木偶雕刻》一书所写的序言手稿

艺术馆开馆那天，很多领导过来，当时福建省的文化厅厅长吴凤章，我们漳州原来的市长李天森，还有集美大学的（党委）书记叫张向中，他们都出席了我艺术馆的开幕仪式。还有我原来的同事、朋友，都过来祝贺。为了办这个展馆，那次我到香港去办展时，我老伴和儿子还特地跟去看人家怎么布展的。艺术

馆开馆以来,不知道有多少人来参观过我们的展览,看我们艺术馆的木偶表演。(图44)

咱们中国著名的书法家沈鹏也给我的艺术馆题名(1995年),我曾经送给他木偶,他很喜欢,就给我题了字。我怎么认识他的呢?是通过朋友的介绍,当时一个著名的画家叶浅予先生有个学生叫做楼家本,中央美术学院的教授,收藏了很多东西,他对我的作品也是非常喜欢,也收藏我的,就是他介绍我认识了沈鹏。沈鹏对我的木偶雕刻艺术也很感兴趣,所以就给我题词,他的字现在也很值钱了。(图45)

给我题词写得最好的是翁偶虹。我怎么认识他的呢?我儿子八几年在北京办木偶雕刻班,当时翁偶虹在那当名誉校长,我儿子认识了他,我就送了他几个木偶,他说虽然他收集了这么多的脸谱,但都没有我画的漂亮。后来在1990年1月份的时候,他说给我题首诗,你看,这是他给我题的诗:"傀儡登场假胜真,镂雕妙技巧通神,凭君地母天公手,展现千姿百态人。"是针对我的特点来写的,写得非常好。大家都评他写得最好,非常概括。(图46)

除了书画家、评论家,还有戏剧家等等这些人给我题过词,很多领导人也都很关心我,给了我很多荣誉。很多证书我都丢了,但是这些题词不能丢,这些合影,要留下来做个纪念,让我们后代看看,我们的木偶雕刻也是一种艺术。近几年来,我们国家很重视我们这些民间艺人,举办了"非物质文化遗产展览",给我们一些平台可以展示我们的艺术,我感到特别的高兴。(图47、48)

今年(2007年)6月份的时候我特别高兴,因为我们艺术馆获得了"中国非物质文化遗产日"项目奖,我还评上了中国第一批非物质文化遗产"漳州木偶传承

▶ 图44 1997年"竹初木偶艺术馆"开馆仪式 徐强摄

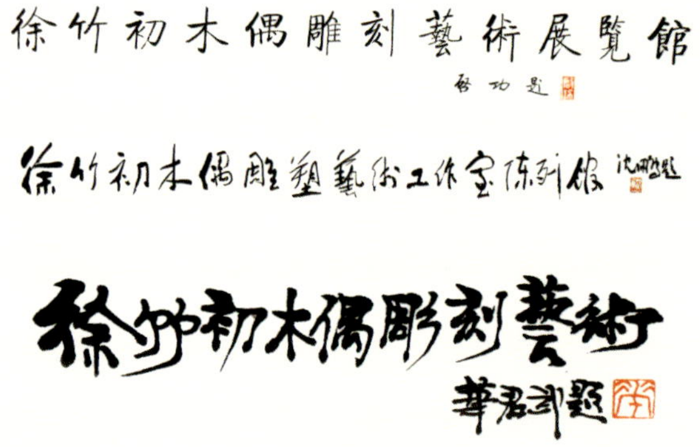

▶ 图45 启功、沈鹏、华君武为徐竹初的木偶艺术馆题名

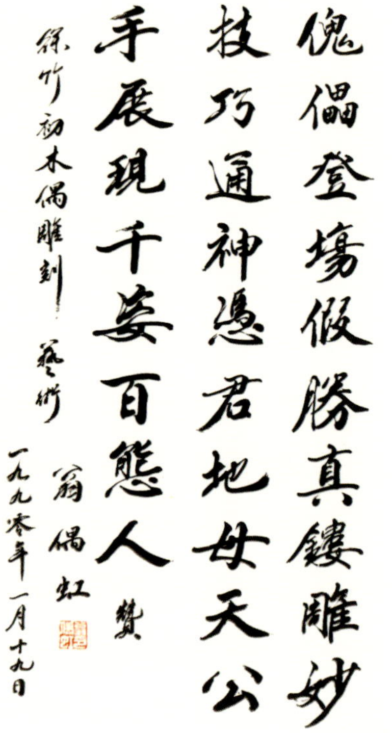

▽ 图46 翁偶虹为徐竹初题词

▷ 图47 2007年6月9日"中国非物质文化遗产日",徐竹初获得"漳州木偶传承人"称号

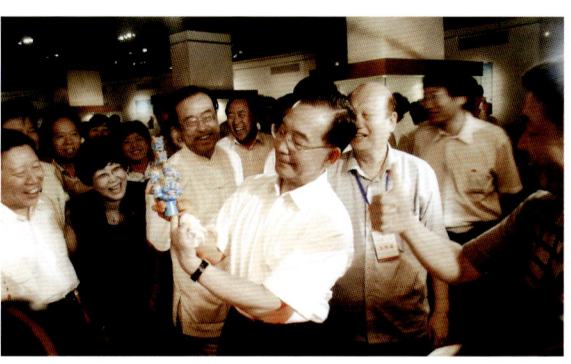

▷ 图48 中共中央政治局常委、国务院总理温家宝在欣赏徐竹初木偶雕刻作品 新华社饶爱民摄

▷ 图49 中共中央政治局常委李长春和徐竹初、徐强亲切交谈

▷ 图50 原中共中央政治局委员、书记处书记、国务院副总理兼国务院秘书长、全国人大常委会副委员长田纪云在欣赏徐竹初木偶雕刻作品

▷ 图51 原中共中央政治局委员、书记处书记、中共中央军事委员会副主席、中华人民共和国中央军事委员会副主席张万年在欣赏徐竹初木偶雕刻作品

人",我当时代表获奖的200多个民间艺术家到北京领奖。上午,温家宝总理来参观我的作品,跟我谈话。我当时提到说我的名字是弘一法师给我取的,他很感兴趣,跟我聊了很久,拿我刻的一个老翁,就是"白阔",套在手上玩,很开心的样子。(图49～图52)

当时新华社发表通稿,写中共中央政治局常委李长春对一个老艺人说了什么话,对整个非物质文化遗产做了指示性的谈话,大家不知道,上面写的老艺人就是我,当时是他跟我谈话,记者就把他说的话写了进去。那天我们漳州布袋戏跟泉州提线木偶、晋江布袋戏在世纪坛演出,李长春在台下看,我跟李长春见过很多次面了,5月份我参加第三届深圳"中国国际文化产业博览交易会"的时候,他也过来参观我的展览。2004年我被中国艺术研究院聘为"民间艺术创作研究员",在研究院那里参加展览,他特地找到我那个展位,跟我聊天。到了2006年3月,国家博物馆举办的"非物质文化遗产成果保护展",我在展厅里,他看到我就高兴地说"几次看到你们了"。那次展览,来的领导太多了,温家宝、李长春、陈至立、尉健行、李岚清、田纪云等国家领导人都来了,还

有毛主席的女儿李敏，毛主席以前的翻译官唐闻生，还有咱们中央电视台台长杨伟光，文化部部长孙家正，中国艺术研究院院长王文章，他们对我都很关心。（图53～图55）

所以说我们受到这么多领导的关心，更应该努力把我们漳州传统的木偶雕刻做好来，才不会辜负他们对民间艺术的爱护和支持。（图56～图58）

▶ 图52 国家文化部部长、中国文联主席孙家正参观徐竹初的木偶作品

▶ 图53 原中共中央政治局常委、国务院副总理李岚清在欣赏徐竹初木偶艺术

▶ 图54 国务委员陈至立赞赏徐竹初木偶

▶ 图55 中共中央政治局委员、书记处书记、中宣部部长刘云山和中国艺术研究院院长、中国非物质文化遗产保护中心主任王文章在欣赏徐竹初木偶艺术

▶ 图56 毛主席大女儿李敏和唐闻生在欣赏徐竹初木偶艺术

▶ 图57 中央电视台台长杨伟光在欣赏徐竹初木偶雕刻作品

图49～图57为中国艺术研究院曹娟摄

我除了经常到外面跟人家交流、出去办展，我们自己省内的木偶剧团也经常有一些交流活动。我们经常一起出去演出，也在省内搞会演。很多剧团跟我们订购木偶，特别是泉州的木偶界，他们离漳州又不远，所以我们说起来是兄弟团。经常来往的有黄奕缺，很早的时候我们就认识了，年轻的时候我们就在一起了，从小到现在已经40来年了。我们经常一起调演，还有几次一起到北京表演，有他就有我。过去他经常来，他的木偶服装

▶ 图58 原国家主席杨尚昆在欣赏徐竹初木偶 徐强摄

都是叫我爱人做的。以前他找我们买木偶,后来他自己也学雕刻了。(图59)

晋江木偶剧团的李伯芬和他父亲李荣宗也经常来,还有惠安的吴赞成,这些老艺人经常来。还有闽西的吴传华,上杭的邱必书,过去他们全部用我们的木偶。过去我在剧团当团长,我们几个剧团经常一起演出。

我们跟泉州木偶雕刻界也经常来往,比如说泉州江加走的儿子江朝铉,以及江朝铉的儿子江碧峰,他的学生黄义罗,我们跟这些人都很熟。江朝铉比我大一点,他跟我的父亲是一辈的。过去他有一段时间在工艺厂,因为我跟我父亲也是工艺厂的,所以我也去跟他们一起交流。我有见过江朝铉刻木偶,他很有意思,一个木偶从头刻到尾,都是他自己一个人,问他为什么都自己做,他说如果请别人做,还得自己掏钱给别人。(图60)

过去漳州和泉州比较有来往。有时我们过去,有时他们过去,大家聊天式地进行交流。我们在一起交流第一个方面

▷ 图59 2005年"中国非物质文化遗产保护成果展"上笔者与徐竹初在中国国家博物馆第一次见面 徐强摄

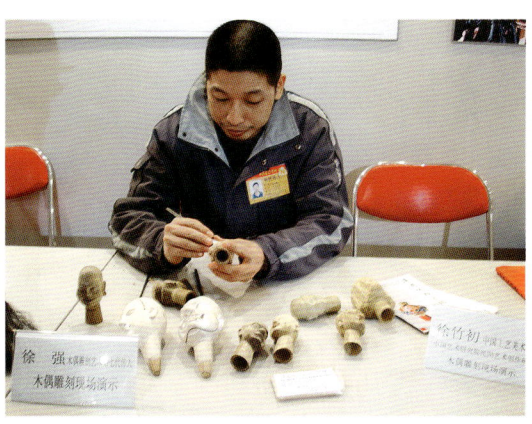

▷ 图60 2005年"中国非物质文化遗产保护成果展"上徐强在展位上雕刻木偶

▷ 图61 2005年"中国非物质文化遗产保护成果展"上泉州木偶剧团演员表演提线戏"钟馗醉酒"

是销路,另一方面是互相看看有什么新的创作之类的,看看除了传统之外的,谁又有什么新的创作。不过,这种交流比较表面,只是大家沟通信息而已。公共的作坊就给你看,自己的作坊就不给你看。大家看到的只是一个表面,就好像大家看一个人在台上表演,而实际的操作你也不知道,因为每个人都有自己的绝活。(图61)

漳州的木偶称为北派,泉州称为南派。从整体来看,我们漳州的木偶线条比较粗放。还有就是我们木偶的面谱基本比泉州南派多,因为我们北派演的是京剧的剧目,布袋戏是用手指直接操纵的,比较适合演武打戏,一双手可以操纵两个人,演起来特别紧凑。提线木偶演文戏比较多,所以就有所不同。演《三国演义》、《水浒传》这些剧目要求木偶的脸谱比较多,里面一些人物,比如关公、刘备、张飞,需要一些比较特殊的造型。因此,我们的造型会比较多一点。此外还有《封神演义》,里面有很多神仙、鬼怪,形象特别多。从我个人的角度来说,我还吸收了越剧的面谱,特别是小生、小旦,这样脸谱就更加多样化,还有比如说"白阔"这个人物,看起来南派北派好像一样,其实我雕刻的"白阔"看起来表情比较乐观,线条比较粗放。总之,我们之间会互相吸收、互相借鉴了,你有什么新的造型,如果不错,大家也会互相吸收一点了,因为我们是兄弟团嘛!(图62~图64)

▶ 图62、63、64 泉州江加走与徐竹初的父亲徐年松人称木偶雕刻界"南江北徐",这是江加走的作品:齐眉旦、花童、老却旦 2006年12月摄于闽台缘博物馆

二、艺术馆篇：我的艺术馆是综合性的艺术馆

口述人：徐竹初
时　间：2006年8月31日下午
地　点：竹初木偶艺术馆

我是1998年退休的，之前我就想，我退休后也要找点事做，而且我儿子一直在做木偶市场这一块，所以1997年的时候，就成立了我们现在这个艺术馆，叫做竹初木偶艺术馆。艺术馆成立以后，我们就自己招收学员，自己成立了演出队，请一些有名的艺术家来教。第一批学员招了5个，都是从艺校、师范那些地方招来的。招生条件主要是看看学生的形象跟素质，一般是要求个子高一点，美术跟音乐素质比较好的。不用考试，就是叫过来看看，面试一下。为什么个子要比较高？因为个子高的手一般比较长，比较好表演。个子矮矮的、手指短短的，比较不好表演。

我们艺术馆基本上每一年都在招生，来补充生员。过去招得多一点，因为我们演戏的点一直在扩大。北京、杭州等一些地方，那里有我们固定的演出场所，学员毕业了就到这些点固定演出。很多旅游点都会跟我们联系，要我们去演出。这次招的学生，主要是为厦门鼓浪屿的艺术馆准备的。我们现在在全国有三个点：北京、杭州、厦门，再多就顾不过来了。（图65）

▶ 图65 徐竹初在教艺术馆招收的第一批学员雕刻木偶

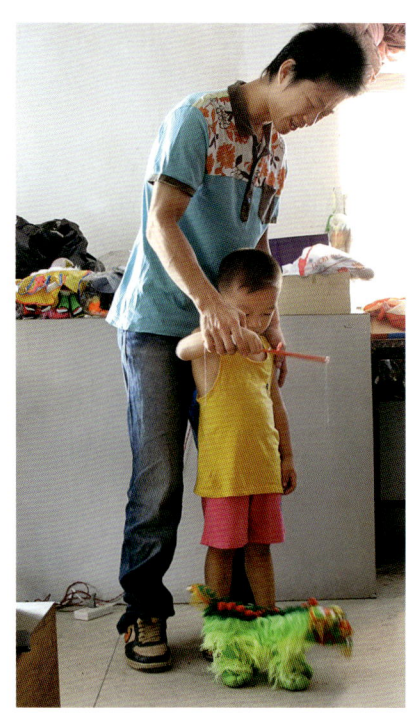

图66 徐竹初的徒弟陈基林教前来艺术馆参观的小朋友玩木偶 2006年8月13日 摄于竹初木偶艺术馆

学生一般培训半年到一年就可以演出了，有些有基础的两三个月就能进行简单的表演，边演出边学习。因为我们的要求通常不是太高了，可以边演出边学习。招了这么多学员，很多都转业了，主要是我们的待遇也不可能很高，慢慢的，如果待遇好一点，就不会跑了。（图66）

我招的学生能刻又能画，还能表演。雕刻要跟表演结合起来。因为木偶是综合性的艺术，造型是静态的东西，加上动态（表演），这样对以后她刻画人物形象的表情是很有帮助的，能够比较丰富、比较有力。会表演对创作有帮助，她会比较有灵性，有感觉。（图67、68）

我的艺术馆是综合性的艺术馆，一个是作为我的工作室，平常我雕刻东西都在这里；一个是让人们参观木偶的地方，我的许多代表作品都放在这里，客人来了可以看，喜欢雕刻的还可以拿起来玩几下；还

图67、68 竹初艺术馆学员们既学木偶制作技艺又学习木偶表演

有一个是生产一些普通的木偶、小孩的玩具；客人还可以观看我们的木偶表演。我这里主要是表演布袋戏，就是尪仔戏。

　　传统那一整套的东西，都保存在我们这个艺术馆里面。包括传统木偶雕刻、服装、帽子，表演也是以传统的为主。我儿子徐强把漳州传统木偶雕刻艺术传承了下来。我女儿也会雕刻，她可以说是女孩子第一个学雕刻的，她的作品也跟我的一起被收藏，她还会设计衣服、设计发型，一整套她都会。我爱人主要做服装，她比较勤劳，过去台湾木偶都到我们这边做，现在她年纪大了，有时候还干到半夜。传统的衣服，那些手工绣花的已经很少人会做了，现在很少有人能沉下心来学，都是学几天就跑了，因为太繁琐了，要求太高了。我爱人做得很好，但是年纪也大了，以后我担心这些手艺会失传。我弟弟（徐聪亮）也是漳州木偶剧团的，他是我从小带起来的。这次世纪坛的"非物质文化遗产日"，他跟我一样，都被评为"有代表性的传承人"，他也有很多创新。现在跟在我身边做木偶雕刻的，一个是陈基林，今年才22岁，年纪很小，但是学得还不错，有耐心，有兴趣。身边还有一个黄燕玲，老学员了，我们这个木偶艺术馆成立后招的第一批学员，当时留下的就剩她一个了。她会表演，也会一点雕刻，主要是帮忙上色、修光、梳头，还有缝衣服等等。还帮我带带徒弟，她也经常到外面演出，是我们艺术馆的好帮手了。

　　目前我们能做到的也就是这样，想扩大很难，能维持就不错了。我现在担心我们这一代人老了（故去）之后，木偶艺术馆能否支撑得下去。新的艺术馆又还没盖起来，以后这些传统艺术要在哪里生存？（图69、70）

▷ 图69 徐竹初作品：文丑

▷ 图70 徐竹初作品：武丑

活在尪仔的世界里　第四章 徐竹初谈他的事业和对未来的展望

口述人：黄燕玲（徐竹初的徒弟）
时　间：2006年8月16日早上
地　点：竹初木偶艺术馆

我是艺术馆第一届的学员，来这里已经十年了吧，既学表演，也学木偶粉彩、梳头发等等。后来徐老师艺术馆的学员（学表演的）基本都是我带出来的。培养的大概有一二十个学生吧。因为每一次招五六个，可能只有三个感觉还可以，所以就只留下来三个。我当时从事这个行当时才18岁，现在已经28岁了。现在有些学员才十五六岁，老一批的才刚刚二十出头吧。当时招考的时候主要是看一下她们的素质，因为她们大多是艺校过来的，所以在学习方面接受能力很强，稍微学习一下就可以上台去表演。但这种东西是越学越精了，你现在刚学就可以上台表演，但这只是一个粗架子，木偶戏要越学越精。（图71）

» 图71 竹初木偶艺术馆表演团到幼儿园演出《大名府》

当时教我们表演的有龙岩木偶剧团团长徐传华,他教我们提线木偶,就学了一两个礼拜,学一点基础的东西。最主要的还是学习布袋木偶,徐老师请漳州木偶剧团的演员过来教我们。当时我们一般这样安排:半天学习表演,半天学画画、上彩、补土、梳头等这些基本功。我们女孩子一般没有学习雕刻,一般就做服装,给那些小旦盘头、戴花,做一些装饰,还做木偶的帽子。徐老师负责教我们雕刻木偶。他怎么教?比如说教画画,他就画给我看,告诉我说你要画哪里,笔要

图72 2006年竹初艺术馆招收的学员,准备培训后送往厦门鼓浪屿"徐竹初木偶艺术馆",由于种种原因,这批年轻学员先后都离开了。前排右四为黄燕玲 2006年8月12日摄于竹初木偶艺术馆

稳,手法要轻,或者先让我们画草稿,我们自己慢慢画熟了之后就可以在成品上画了。草稿不是画在纸上,是画在木偶上,因为纸是平面的,而木偶头部是立体的,画出来感觉不一样。一般他会拿一些次品给我们练习,可以在上面重复勾、抹,画坏了可以擦掉再画。(图72、73)

我们第一批学员有5个,后来陆续也有再招几个补充,因为有些学员学了一段觉得不适合,就离开了。学员大部分跟我一样,都有点基础。我当时读的是漳州职业学校,学的是戏曲专业,跟木偶表演有点关系,

图73 学员们在排练节目

但木偶是套在手上表演，还是有很多不一样的地方。我们表演跟下乡团不一样，我们的音乐一般是配好的，表演时放CD片。剧目有些是老一辈的人留下来的，也有的是年轻人自己创作的。大部分是请专业人士创作的，比如漳州木偶剧团的编剧。

我们那批学员现在留下的只剩我一个，其他的有的转行了，有的还从事这个行业，自己组建木偶剧团，或自己演出去了，但不多，鼓浪屿那还有两个。我自己也去过，一年多就回来了。有个别是因为结婚了，老公不让她们抛头露面，所以没有再从事表演，像我结婚的话，还是会继续从事这个行业。（图74、75）

▷ 图74 徐竹初作品：七爷

厦门鼓浪屿的竹初木偶艺术馆建好了,现在我带的这批人就是准备以后到那里去的。我们到那里后除了进行一些艺术性的表演,还要给游客们讲解一些关于木偶的知识,如木偶的历史、发展等,让大家知道木偶不仅可以用来表演,还可以当工艺品、玩具。所以除了表演,我们有时还要现场做木偶给游客看。木偶馆里除了现代的产品,还有一些古代的木偶,像父亲、爷爷那一辈留下来的木偶,都将在那里陈列。现在还不敢拿过去,因为东西比较珍贵,怕丢了。以前就丢过好几个,像那次在北京(非物质文化遗产保护成果展),我也在现场表演,就丢过木偶,徐老师很心疼。以后到鼓浪屿艺术馆,你就可以好好参观,现

图75 徐竹初作品:羽仙

活在尪仔的世界里　第四章 徐竹初谈他的事业和对未来的展望

▷ 图 76 徐竹初作品：髯奸

▷ 图77 徐竹初作品：笑奸

在东西都收起来了,轻易不拿出来。(图76、77)

徐老师是我们的馆长,他人很和蔼,对大家都很好,大家有什么不懂的就去问他。虽然报酬不高,我待这么久了,一个月工资才几百块钱,但是干得挺愉快的,徐老师对我们又这么好,所以我会一直待下去,结婚后还是打算继续在这里干下去。

三、展望篇1:我现在靠做玩具来养活木偶雕刻

讲述人:徐强
时　间:8月15日下午
地　点:竹初木偶艺术馆

1989年后,我应聘到北京戏曲职业学院与中国木偶剧团创办的木偶雕刻艺术班任教。1991年是第一届学员毕业。办了很多届,现在还在办。当时它属于北京技校,现在改成职业技术学院,可能是升大专了。

我们这个班一般一届招收12个。这几年学下来,大部分都走光了,只留了一两个,留下来的就在剧团里当木偶雕刻师。辛辛苦苦带学生,结果大部分都跑光了。你想留也留不住,做木偶这一行不好挣饭吃,所以现在师傅都不爱教学生。教完了,徒弟都跑了,等于白教了。(图78)

现在如果是国营的话还可以[8],如果是私人(搞木偶雕刻)的就只能自个煮一碗粥喝[9]。我父亲这个艺术馆就是这样,维持得很艰难,因为都是靠我们自己,政府没有拨过一分钱。民间工艺很难做,一般都是家庭作坊,福州也是这样。因为它要求有一定的手艺,而且即使做出来了,也不一定卖得出去,因为木偶的用途也不是很广,人家订一件,你就做一件。它特别费工夫,不是因为材料贵,而是周期长,费人工(精力)。作为一名艺人,你

▶ 图78 1990年徐强在北京木偶雕刻艺术班教学

必须做精品,你不能做那些随随便便的、糊弄人的、没什么技术含量的了!如果你掌握的是真正的民间手工艺、传统的手艺,工作周期就要很长,这样付出的跟收入就无法成正比。收入太少了,师傅教出来的徒弟就都跑了。(图79)

木偶雕刻跟塑料厂那些工厂又不一样,它们是产业化的机器生产,大批量的生产。真正的民间工艺用的是手工技术,从进货、雕刻到修整,完成的时间周期相当长。我自己才做一个,别人用机器都已经做了几十个,所以人家都不喜欢传统工艺。这种手工艺也不可能产业化,它是技术含量很高的东西,没有长时间的学习,不可能掌握得了。(图80)

有一些民间工艺品可以批量生产,但木偶(销路)

图79 1988年原法国文化部长潘文赞(音)来漳州木偶剧团徐竹初木偶工作室参观留影,从左到右依次为:徐惠卿、徐年松、徐竹初、潘文赞、徐聪亮

图80 徐强指导陈林基雕刻木偶 2007年9月1日摄于竹初木偶艺术馆

有局限性，你要让它很普及，难度也很大。培养一个学生本身就很难，很多时候都是培养一个走一个，你要雇人，人家也不乐意。木偶雕刻本身就很难，像燕玲这样的，在这里待了七八年了，算是做得比较好的，没有这么长时间也做不好。如果是做那些玩具的，很简单，当然学个一两天就会了，但是传统的就不那么容易了，我们现在也主要是靠做些玩具来养活我们的传统雕刻。

以前有福建师大的学生过来，说要学习两个月，不到几天就跑了。受不了了，觉得太麻烦了。真的是纯手工艺，以前大家都不理解，以为就是像那种玩具，很粗糙的，简单地做一下就可以了。玩具很简单，做个模具，上一下颜色就可以了，再怎么难看也能拿去演戏。可是要做精品就太难了。

我们不觉得雕刻这个木偶很苦，最难的是你要让它怎么生存下来，要想着怎么去赚钱，怎么去养活这些传统的木偶雕刻。不是说我没有挣到钱，我挣的钱都在养这个艺术馆。我从小就学刻木偶，对它还是有感情的，我不能眼看着它慢慢消失掉！（图81）

▶ 图81 徐竹初唯一的休闲就是在难得的闲暇时间看看报纸 2007年9月2日摄于竹初木偶艺术馆

徐强简介：

1965年出生，徐竹初的儿子，徐家木偶雕刻第七代传人。他创作的木偶造型，具有很高的艺术性和观赏性，具有独特的艺术手法，丰富的性格化造型，精细的雕刻艺术，有戏曲人物，古典小说中的人物，又有神话传说中的神仙、魔怪等形象，个个脸谱不同、神态各异、活灵活现、栩栩如生。作品曾应邀在中国美术馆及美国、英国、俄罗斯、法国、德国、日本、澳大利亚、韩国、新加坡、瑞典以及我国香港、台湾等100多个国家和地区巡回展览，被许多国家和地区的美术馆、博物馆及艺术家、收藏家、名人收藏。设计制作的作品还被作为国家的珍贵礼品赠送给世界许多国家的首脑和贵宾。设计的木偶造型先后获得20多次国家专利。

四、展望篇 2：希望能把我的木偶艺术馆搞起来

口述人：徐竹初
地　点：竹初木偶艺术馆
时　间：2007 年 8 月 16 日下午及 8 月 30 日

这次文化部、财政部联合，发一些表格给我，关于第一批非物质文化遗产的经费申报表格，填完了送到市里面，昨天送到省里，今天送交中央。这次省里很重视，专门把我建设这个馆[110]的项目申报上去，向中央呼吁，用低息贷款或拨款支持一点，把这个馆盖起来。现在已经盖了一部分，地下室、地基都搞好了，设计也做好了，光这些地皮就花了两三百万啊。盖起来一共有 9 层，每层有 1200 平方米。希望这次能把我的木偶艺术馆搞起来。（图 82、83）

▶ 图 82　徐竹初木偶雕刻艺术新馆设计效果图

鼓浪屿那边的艺术馆要打造成一个文化旅游窗口，主要的基地还是在这里。那边以表演、卖东西、卖旅游纪念品为主。一个月之后，木偶馆就开馆了。

我们那个新的艺术馆还没有盖起来，原来那里一片都是属于荒郊野外，现在有房地产开发商在我们艺术馆那块地对面开发了一大片房产，据说是我们漳州最大的，现在还没盖起来。所以那里的地皮都跟着涨起来了。原来我们那块地皮不是很值

▶ 图 83　2004 年 5 月《福建画报》以徐竹初作为封面人物

活在尪仔的世界里　第四章 徐竹初谈他的事业和对未来的展望

钱，但是现在很值钱，翻了两三番了。（图84）

但是我们的艺术馆还是盖不起来，因为我们没有钱，前期已经投入两三百万了，我跟我儿子全部的积蓄都投到里面去，已经没有剩余的钱了。以前我们申请贷款，可银行说我们这个是公益事业，不给贷，然后政府部门某些人又认为这是个人的事情，不肯给我们担保。所以1997年到现在，还是没办法盖起来。

我们也尝试过自己去拉资金、拉赞助，原来有台湾商人过来，希望跟我们合作，也有一些大企业、大集团过来，但是人家要的是我们的房产，这样就不能保证我们木偶艺术馆的完整性了。商人嘛，不可能把它当成一个文化事

> 图84 2007年1月《南方》封面图片是徐竹初的木偶作品：福神

> 图85 1989年12月徐竹初荣获"全国首届民间工艺美术佳品及名艺人作品展"一等奖奖状

业、一个公益事业来投资，他们看中的都是这块地皮。（图85～图87）

所以还得靠自己啊。民间艺术的生存就得靠我们自己去开拓市场，自己养活自己！我们很多亲戚说你投在那边有什么用，等你这个馆盖好了，你差不多走了，不如用那些钱享受多好。谁不会享受！可是这是咱们老祖宗的东西，不能传到我这一代就这么没了，你说对不对？

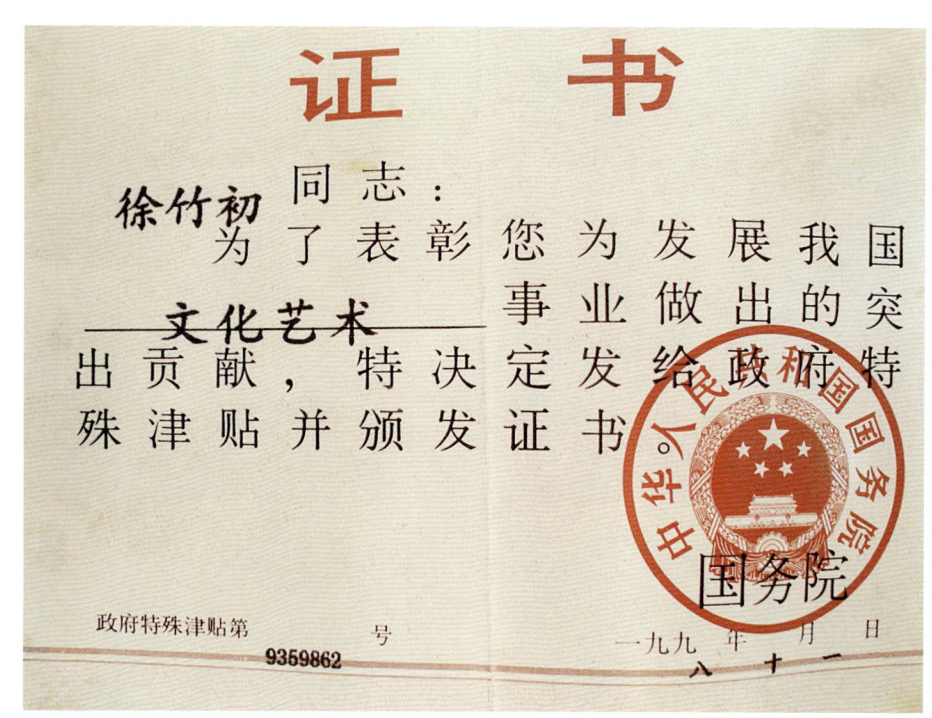

▶ 图86 1998年10月1日起徐竹初享受国务院颁发的政府特殊津贴

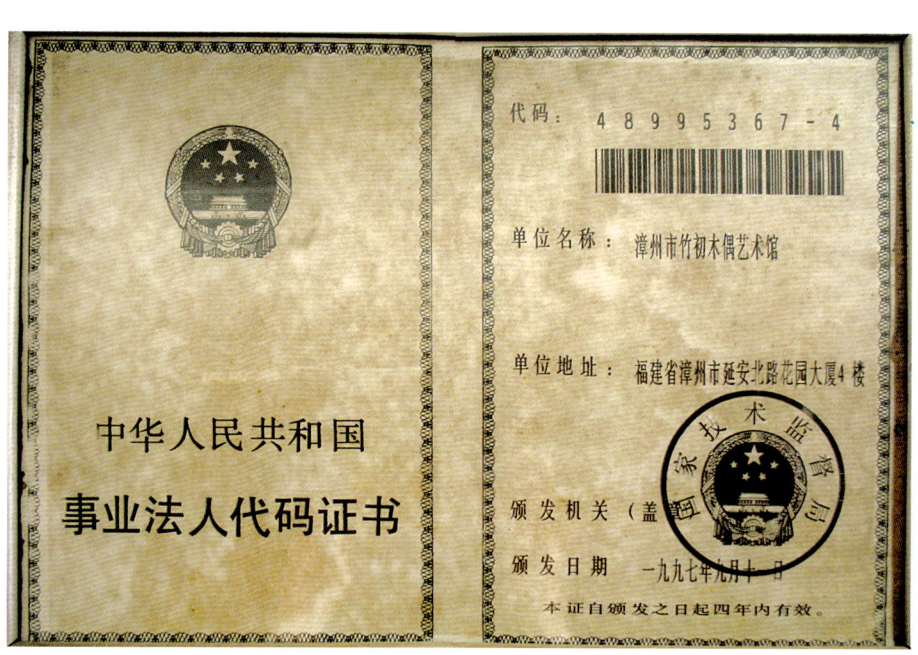

▶ 图87 漳州市竹初木偶艺术馆注册证书

本章小结

1997年，漳州市政府审批了位于漳州新区迎宾路南侧的一块地作为新的竹初木偶艺术馆用地，随后奠基。2007年8月份笔者过去参观，放眼过去，一片荒凉。

2005年，厦门市政府拟建立"徐竹初木偶雕刻艺术展览馆"，选定鼓浪屿鹿礁路109号作为其用房。2006年8月份笔者去漳州竹初木偶艺术馆采访徐竹初的时候，正值艺术馆从漳州幼师、艺校等地方招收了七八个学员正在进行一些表演、雕刻方面的基础培训，拟定在9月底派往厦门鼓浪屿"徐竹初木偶艺术馆"。2007年8月，笔者再度到漳州竹初木偶艺术馆，这批学生都已跑光了。究其原因，在于报酬太低。作为民营企业，竹初木偶艺术馆能维持到现在，已是相当不容易。就如徐强所讲的："我们现在也主要是靠做些玩具来养活我们的传统雕刻，我们的木偶馆。"

注 释

[1] 李天禄，中国台湾影视演员，布袋戏艺人。1910年生于台湾。7岁时从父习艺操作布袋戏。10岁时正式拜父为师学习布袋戏并随父巡回卖艺。14岁正式当头手。1931年创建"亦宛然"布袋戏班。1935年参加"王棚鲎"竞艺演出，进入一流剧团行列。1952年在全台布袋戏竞演中获北区优胜，以后持续20年以上连获优胜。1974年收三名法国人为弟子。1977年首次赴港公演，1989年李天禄被台湾称为"人间国宝"。1991年获台湾当局颁发的华夏二等勋章，并继续教授与公演布袋戏。1985年首次出演侯孝贤的半自传性电影《童年往事》，从此成为侯孝贤作品中不可缺的老人角色；后陆续出演《恋恋风尘》、《尼罗河女儿》、《悲情城市》。1993年侯孝贤更以之前半生经历为蓝本，创作《戏梦人生》，并大量穿插李的纪录片段与独白。李天禄银幕形象已确定为台湾老人的典型：幽默、风趣、饱经风霜，充满韧性和生命力。1998年因心肺衰竭，病逝于台北县三芝乡老家，受到人们的哀悼和追思。

[2] 指在第46届戛纳电影节上，《戏梦人生》一举夺得了评委会大奖。

[3] 许王，出生于布袋戏之家，父亲许天扶是著名的北管双璧的布袋戏大师，在1913年创立了"小西园掌中剧团"，至今逾90年历史，为台湾少数历史悠久、最具号召力且活跃于表演舞台之古典布袋戏团。许王4岁学艺，5岁就能上场表演，20岁时接掌父亲的"小西园"。许王的演技细腻、念白优美，又集编、导、演于一身，素有"戏状元"的美誉。"小西园"在许王的领导之下，勇夺台湾多次戏剧比赛的冠军，又经常巡回国外表演，魅力非凡。他毕生岁月奉献于台湾古典布袋戏艺术，逾60年光阴，不仅自身在掌中技艺上精益求精，更积极传承绝学，栽培后进难以计数。

[4] 黄海岱，在台湾布袋戏界被尊称为"通天教主"。1901年1月2日出生于台湾云林县，25岁就和弟弟一起创立了"五洲园"，经苦心经营，"五洲园"终于成为台湾布袋戏的第一世家。1998年黄海岱荣获台湾"教育部"民族艺术艺师，成为全国最高龄之布袋戏宗师。1999年更获得全球中华文艺艺术薪传奖、终身奉献奖。2000年获颁"行政院"文化奖的殊荣，2002年荣获台湾文艺奖。2007年台湾云林县"议会"更决议将黄海岱的生日1月2日定为"云林布袋戏日"。黄海岱于2007年2月11日过世，享寿107岁。其子孙徒弟名满天下。其子黄俊雄于1970年率领的"真五洲剧团"的内台戏《云洲大儒侠》首度于台湾的无线电视台演出，造成当时全台轰动，其孙黄强华、黄文择及黄文耀等也各以"霹雳布袋戏"、"天宇布袋戏"系列闻名于布袋戏界。

[5] 《徐竹初木偶雕刻》，上海人民美术出版社，1994年2月出版。

[6] 指《美术大观》，1995年2月，第8—10页。

[7] 意思是国营的有固定工资领，不用为生计发愁。

[8] 闽南语，自己挣点小钱，自谋生路。

[9] 指新的"竹初木偶艺术馆"，地点在漳州新区迎宾路南侧。

徐竹初年表

1938年8月，出生于漳州东门外外祖父家，弘一法师为其取名竹初，寓意"像新笋一样茁壮成长"。

1942年，外祖父被土匪绑架，付几百大洋赎回，家道开始衰落。不久，大舅舅、二舅舅被抓壮丁，家道中落。

1943年，父亲为逃抓壮丁，携全家搬到漳州城新桥头，开木偶店，店号"天然号"。不久，外祖父过世。

1944年，搬家到新华东路东仁街。

1946年，进英国人办的"英华"小学（现漳州职业学校）念书。

1948年，搬家至漳州东门街，转学至巷口中心小学。

1952年，父亲调到漳州市木偶剧团，参与拍摄由谢添导演的《闽南傀儡戏》。

1953年，正式开始跟父亲学习木偶雕刻。

1955年，小学毕业，进入漳州一中读初中。不久，木偶作品老翁、小孩、花脸参加"全国首届少年儿童科学技术和工艺作品展览会"，获特等奖，郭沫若盛赞其作品"木偶头神情逼真生动"。《中国青年报》、《人民日报》等刊登其作品，作品收录于中国少年儿童出版社出版的《灵巧的双手》。8月，中央领导徐向前带中央新闻电影制片厂到漳州，为其拍摄《少年雕刻家徐竹初》。其托徐向前带两个木偶送给毛主席，毛主席办公室回信表示感谢。

1956年，与同学一起发起组织漳州一中木偶兴趣小组，排练《大冬瓜》等童话剧。

1957年初，母亲过世。7月，初中毕业，学校拟破格保送其到中央美院念大学，由于家庭原因未果，后进入漳州工艺美术厂（原工艺合作社），正式开始木偶雕刻艺术生涯，时父亲任漳州工艺美术厂厂长，

1958年5月，调入漳州南江木偶剧团，任专职木偶雕刻师。

1959年3月，南江木偶剧团与漳浦艺光木偶剧团合并为龙溪专区木偶剧团（现名漳州市木偶剧团）。徐竹初在团期间为剧团创作《马兰花》、《椰林战歌》、《东山战斗》、《小猫钓鱼》、《狼来了》等现代剧和童话剧中的木偶角色。

1959年初，调到漳州市工艺美术厂。同年大年三十，与郑淑香结婚，租住在漳州市祥和新村。

1960年，借调漳州木偶剧团。同年10月，漳州木偶剧团与泉州市木偶剧团联合组成"中国木偶艺术团"，赴罗马尼亚布加勒斯特参加"第二届国际木偶联欢节"比赛，参赛剧目《大名府》和《雷万春打虎》荣获金奖，剧中角色为徐竹初所刻。回国后正式调入漳州木偶剧团。

1961年4月，大女儿徐惠卿出生，当日徐竹初出发到上海参与上海美术制片厂拍摄的《掌中戏》，制作了《大名府》、《抢亲》、《浪子回头》等剧的角色，并根据电影拍摄对木偶进行改革。同年，经福建省文化厅考核审评，徐竹初被评为"木偶雕刻师"。

1963年，带团到海南岛慰问演出。

1964年，英国木偶表演团来漳州，与其进行艺术交流。

1965年，儿子徐强出生。同年，日本木偶学者宫原大刀夫到漳州木偶剧团访问，与徐竹初进行艺术交流。

1966年，"文化大革命"开始，龙溪专区木偶剧团被强行解散，保留木偶演出队伍，归属地区文艺宣传队，徐竹初任木偶演出队队长。期间创作《智取威虎山》、《白毛女》、《龙江颂》、《杜鹃山》等样板戏木偶角色。同年，带团到北京演出。期间拜访著名漫画家华君武。

1976年，"文化大革命"结束，漳州木偶剧团恢复，徐竹初留团继续担任木偶雕刻师。

1977年，创作神话剧《孙悟空三打白骨精》的木偶角色，获得好评。

1979年1月至2月12日，带团参加澳大利亚霍巴特国际木偶傀儡戏联欢节，顺访墨尔本、悉尼、堪培拉。同年，始任漳州市木偶剧团副团长。任木偶剧团副团长期间，与其弟徐聪亮创作了《大名府》、《雷万春打虎》、《蒋干盗书》、《钟馗元帅》、《两个猎人》、《卖马闹府》、《狗腿子的传说》、《少年岳飞》、《水仙花》等剧目的角色创作。获得不少奖项。

1980年3月，以宫原大刀夫为团长的日本铜锣木偶团来团交流。

1986年，儿子徐强在北京联合中国木偶剧团开办木偶雕刻艺术班。

1987年，受香港文化交流促进中心邀请，与泉州木偶剧团黄连金在香港三联书店举办木偶专项展及讲座。金庸称赞其木偶雕刻艺术"充分体现了中国传统艺术"。

1988年，台湾著名木偶表演大师李天禄到徐竹初木偶工作室与其进行艺术交流。同年，原法国文化部部长潘文赞来徐竹初木偶工作室参观，进行艺术交流。

1989年，荣获全国"首届民间工艺美术作品评选展览"一等奖。同年12月22日，日本人形剧（木偶剧）历史研究专家宫本吉雄来漳州考察木偶艺术，拜访徐竹初及其家人，并写下感言："我非常喜欢观看你的木偶头，现在，您的木偶头是全中国第一位。"

1990年，著名戏剧家翁偶虹为其题词"傀儡登场假胜真，镂雕妙技巧通神，凭君地母天公手，展现千姿百态人"。同年，彭冲为徐竹初木偶雕刻艺术展题词"独领风骚"。同年7月28日，台湾著名木偶表演大师许王到徐竹初木偶工作室参观交流，引为知己，写下"小巧妙技交贤友，西园掌艺结良缘"相赠。同年，著名华裔节目主持人靳羽西来徐竹初木偶工作室，拍摄以徐竹初木偶雕刻为主要内容的《看东方》。

1991年，中国著名戏剧家刘厚生参观其作品后欣然为其题词"中国木偶艺术的神品，世界艺术的精英，竹初先生为中国争光"。10月，台湾著名的木偶艺术大师、"五洲园"班主黄海岱到竹初艺术馆参观交流，称赞其木偶作品"巧夺天工"。

1992年，受邀在中国美术馆举办个人木偶专项展，由当时美术馆副馆长杨力舟主持召开研讨会，邀请王朝闻、张庚等著名学者，丁聪、廖冰兄等著名漫画家，时美术馆馆长刘开渠为其题词"精雕细刻，入木三分"，张庚题词"栩栩如生"，丁聪题词"神情兼美，精妙绝伦"。

同年，漳州木偶剧团表演的民间故事剧《狗腿的传说》在北京举行的全国木偶皮影戏会演中获"优秀剧目奖"，徐竹初和弟弟徐聪亮获得"造型奖"。

1993年，受邀随文化部官员一起到韩国举办的"中国艺术展"，展出木偶雕刻艺术作品。同年，台湾著名导演侯孝贤为拍摄台湾著名布袋戏表演大师李天禄的《戏梦人生》而两次来徐竹初木偶工作室，跟其进行艺术交流，探讨木偶形象的塑造。在第46届戛纳电影节上，《戏梦人生》一举夺得了评委会大奖，戏中的木偶及戏台皆徐竹初创作和提供。

1994年，受台湾泛美艺术有限公司邀请，到台湾举办的个人艺术作品专项展览。随后到金门举办巡回展览，这也是大陆首次个人到金门举办艺术展览。

1995年，台湾著名的木偶艺术大师黄海岱再度到徐竹初木偶工作室参观交流。

1996年，受新加坡教育部长、新加坡福建总商会陈会长邀请到新加坡国家博物馆举办个人木偶专项展，时新加坡国家博物馆馆长还有中国驻新加坡大使都来参观展览。同年，随同福建代表团到法国巴黎办展。

1997年，竹初木偶艺术馆在漳州市延安北路花园大厦开馆，中国著名书法家启功为木偶馆题名，著名的美术理论权威王朝闻先生撰写了前言。同年，到德国法兰克福美因茨举办木偶雕刻展览。

1998年，徐竹初退休，全心投入木偶艺术馆建设。同年，美国和澳大利亚文化遗产保护委员会主席在漳州市政府黄和东副市长的带领下到竹初木偶艺术馆参观。联合国教科文组织来福建参观竹初木偶艺术馆，称其为"活的文物"，希望中国政府加以扶持、保护。

2000年，漳州木偶剧团表演的《少年岳飞》荣获全国第九届"文华奖"。徐竹初和弟弟徐聪亮获得"文华舞美（雕刻）奖"。

2002年2月8日，与儿子徐强应邀赴台湾参加高雄春节民俗技艺木偶展览表演。

2003年，第二次到新加坡国家博物馆举办个人专题展，他们为其专门开设了一个博物馆，叫"徐竹初木偶艺术专馆"，收藏了200多件作品。新加坡总理李显龙来参观展览，并合影留念。同年，《夕阳红》栏目为其拍摄专题短片。

2004年，被中国艺术研究院聘请为一百位"民间艺术创作研究员"之一。同年，被联合国教科文组织授予"民间工艺美术大师"称号。同年，父亲去世。

2006年2月，受邀参加中国国家博物馆举办的"中国非物质文化遗产保护成果展"，在展位上表演木偶雕刻。时温家宝、陈至立、尉健行、李岚清、李长春等国家领导人，以及毛主席的女儿李梅，中央电视台台长杨伟光，文化部部长孙家正，中国艺术研究院院长王文章参观其展览，并与其合影留念。同年，受邀参加上海"民间艺术博览会"，在上海展览馆举办个人木偶展览。同年，厦门市政府拟建立"徐竹初木偶雕刻艺术展览馆"，选定鼓浪屿鹿礁路109号作为其展厅。

2006年4月5日，央视《东方时空》栏目播出《东方之子：徐竹初和木偶说话》，介绍徐竹初的木偶雕刻艺术生涯。同年5月，徐竹初木偶雕刻被国务院列入第一批国家级非物质文化遗产名录。由法国国土文物高级官员高乐菲为团长的欧洲钟铃艺术学会代表团一行3人访问漳州，参观竹初木偶艺术馆。

2007年5月，受邀参加第三届深圳"中国国际文化产业博览交易会"，中共中央政治局常委李长春参观徐竹初木偶艺术展。

2007年6月，应文化部、中国艺术研究院、中国非物质文化遗产保护中心的邀请，参加在世纪坛举办的"非物质文化遗产日专题展"，与弟弟徐聪亮被文化部授予第一批国家级非物质文化遗产项目漳州木偶头雕刻的代表性传承人。温家宝、李长春、张万年、田纪云等领导人十分赞赏，与之合影留念。后田纪云单独来漳州参观竹初木偶艺术馆，与其进行艺术交流。

2007年8月，中国国际广播电台华语台的《闽江茶座》栏目播出《漳州木偶艺术大师徐竹初的故事》，讲述徐竹初的木偶雕刻生涯。

后 记

木偶艺术集演技、剧目、念唱、道白、曲调、雕刻等为一身，是一门综合的民间艺术形式。"刻木为偶，以偶为戏"，木偶戏本属戏曲，但木偶却属于造型艺术。在其他戏曲的演出中，造型艺术只是一个附属的因素，但在木偶戏中，造型艺术一跃而成为演出中的主导因素，演员的表演必须通过物质的外壳——木偶得以传达给观众。在木偶戏的初创阶段，木偶自身的造型之美屡屡受到文人墨客的赞叹，但当它发展为成熟的戏曲形态时，人们的视野就逐渐转到它身为戏曲的"本位"——操纵技术、剧目、念唱、道白、曲调等因素，对它在造型方面的成就和特色却忽略了，大多仅以轻描淡写的言辞一笔带过，或作为附庸的元素而不待赘言。人们所关注的，更多的是木偶戏的"技"，甚而其演出所承载的宗教文化内涵，对首先吸引他们的第一视觉要素——造型艺术却忽略了。

翻开漳州木偶的历史，情况更是差强人意。唯一的正史记载，是一次反面教材：南宋绍熙元年（公元1190年），著名理学家朱熹知漳州时发布《谕俗文》称："约束城市、乡村，不得以禳灾祈福为名，裒攘财物，装弄傀儡。"事隔七年，朱熹弟子陈淳亦呈文禁绝傀儡等社戏："某窃以此邦（指漳州）陋俗，常秋收之际，优人互凑诸乡保作淫戏，号'乞冬'……豢优人作戏，或弄傀儡。"木偶戏作为官方的反面教材屡屡遭到禁绝，其所透露的信息，恰好是因为人们对它的喜爱，它兴盛到以至于影响了百姓的正常生活秩序。然而，这样的记述仅仅是昙花一现，在南宋后漫长的几百年间，漳州木偶从正史中彻底消失，直至清中叶以来，才又开始出现木偶班社的踪影。"礼失而求诸野"，民间布袋戏艺人更喜欢从"书生托偶讲古"的传说中找到证据与自信。木偶戏如此，那么木偶造型呢？在漳州文化史上，在木偶造型这一栏，可以说是一张白卷，既没有对木偶造型的任何描述，更没有对造型技艺的记载。

这是不是就意味着我们对它就无从了解了呢？我们知道，木偶艺术是中国民间百姓最喜闻乐见的娱乐形式之一。木偶艺术根植于民间这块沃土，在漳州浓郁的风土人情中，找到了自己安身立命之所在。它虽然不入正史的法眼，但是却顽强地生存在野闻稗史中。

因此，从民间木偶雕刻老艺人的回忆中寻找漳州木偶艺术的踪迹，特别是漳州木偶雕刻的踪迹，不失为一个明智的选择。一个民间老艺人的所见所闻，他生活的环境，他的遭遇，正是一个时代甚至几个时代的缩影；他从祖辈上传承下来的技艺，更是这门艺术的精髓之所在。一方水土养一方人，民间艺术，正是因为扎根在民间的沃土中，依托于风土人情之中，才能生生不息地延续下去。因此，对于漳州木偶雕刻这一主题，我们选择了徐竹初这位木偶雕刻艺人，听他为我们讲述他眼中的漳州木偶艺术的历史与现状，请他把他最宝贵的木偶雕刻技艺呈现出来，听他谈雕刻木偶的心得体会，听他讲述他对木偶艺术现状的思考和忧虑，以及他对木偶艺术未来的展望。

选择徐竹初，不仅仅是因为他是漳州木偶雕刻的第六代传人，他的家族史，就是一部漳州木偶雕刻史，更重要的是因为他的学识，他对木偶雕刻艺术的发展所作出的贡献，在他身上承载着木偶雕刻艺术在从传统走向现代发展过程中所经历的变革，以及面对传统木偶雕刻艺术在当代遭遇尴尬境地时，一个老艺人为之作出的种种努力。

选择徐竹初，至为重要的原因是他高超的木偶雕刻技艺。他祖辈几代，都是漳州民间知名的木偶雕刻艺人，他承继了传统优秀的木偶雕刻技艺，少年成名，勤学不辍，不断创新，终成大师。

况且，漳州的木偶雕刻艺术，在全国也是赫赫有名的。自古以来，木偶戏广泛应用于民俗活动的一切除凶、纳吉、祭煞、奉祀、酬天、敬神礼仪中，表演的艺术性多附庸在木偶戏的宗教性质上。同样，在一般人看来，木偶多是作为戏剧的附庸，其造型只要服从戏剧表演的需要就可以了。因此，木偶的造型多不以审美为原则，它们固有美的形式，但却无美的自觉。但是，漳州的木偶虽然仍然存在作为戏具的功能性目的，但是已经反过来附庸在审美的基础上了。其造型浪漫夸张、不拘一格的。既有作为静态雕塑的终极审美价值，又不乏动态戏具的传神夸张，真可谓雕与绘、戏具与雕塑的完美结合，是历代漳州木偶雕刻艺人艺术实践的成果。

作为地地道道的草根文化，漳州木偶艺术有着较为广泛的社会群众基础，木偶头的造型艺术也因之而获得了一个深厚的发展基础。木偶头雕刻艺术与传统戏曲之间形成了生死相依的关系。在戏曲演出普遍衰落的形势下，木偶雕刻技艺的传承也遇到了难题：如果固守戏曲舞台，木偶头雕刻只能随戏曲一起走向沉寂；如果离开戏曲舞台，木偶雕刻只能成为单纯的观赏品，其传统技艺中许多活态的文化就会丢失。目前，漳州木偶雕刻就面临着这种境遇。而徐竹初所创办的竹初木偶艺术馆，作为一个综合性的艺术馆，对于木偶雕刻艺术应对当代市场中所作出的角色转变，以及如何生存与发展所作出的有益探索，是值得我们借鉴的。从徐竹初及家人的讲述中，我们看到了一个家族对木偶艺术事业的坚持，他们那坚定乐观的精神同样感染了我们，正如徐竹初在电视节目中所讲的："再艰苦，我们还是要坚持下去，我们要有愚公移山的精神，今天挖一点,明天挖一点,这一代干不了,我相信我下一代能够把这个事业完成。"(《东方之子:徐竹初和木偶说话》,央视国际,2006年4月5日 21:04播出)

近几年,"非物质文化遗产"的"走红"让我们欣喜地看到,一些民间艺术终于找到了自己生存的理由和场所,同时,我们也看到更多的民间艺术正在随着老艺人的故去而消亡。而"非物质文化遗产"的"走红",恰恰意味着我们的民间艺术要在当代生存,已经面临着重重困境!所以,当代对文化遗产的研究和保护,显得如此的及时和可贵!笔者在中国艺术研究院攻读研究生时,因为对民间艺术的兴趣,硕士毕业论文也是选择了对我的家乡泉州木偶头造型艺术的研究,也因此有机会进入本丛书的作者行列。

此次对漳州木偶艺术的考察,与徐竹初老艺人的接触,让我又获得了一次难得的学习研究机会。我的导师,中国艺术研究院研究员梁江对我在学业上的指导,使我得以掌握研究艺术的基础知识和方法,在此表示深深的感谢!我的另一位老师,王海霞研究员,她对学生在学业上的宽容和肯定,以及在田野考察经验上的特别指导,使学生受益匪浅,在此学生表示深深的谢意!同样感谢辽宁大学乌丙安教授、国家博物馆宋兆麟研究员、中国艺术研究院吕品田研究员、方李莉研究员、郑工研究员在如何系统做口述史方面给予了认真的指导。特别要感谢徐竹初及其家人、弟子的共同协助。谨向他们致以最深的敬意!